만만하게
보이지 않는 첫인상

만만하게
보이지 않는
첫인상

나이토 요시히토 지음 | **이정은** 옮김

흥익출판사

모든 인간관계는 첫인상으로 결정된다

2 나를 돋보이게 하는 셀프연출법

3 주위사람들의 마음을 사로잡고 싶다면

기업에서 첫인상이 좋은 사람을 뽑는 이유

5 동작과 습관으로 타인의 마음을 읽는 법

다른 사람의 마음을 잘 읽는 것이
멋진 첫인상의 비결이다

"상대방의 얼굴에 바코드가 있어서 언제 어디서든 무슨 생각을 하고 있는지 알아낼 수 있다면 좋을 텐데……."

독자 여러분은 이런 상상을 해본 적이 있습니까? 다른 사람들의 생각이나 감정, 또는 본심을 알고 싶다면 이 책이 도움을 줄 것입니다. 아울러 다른 사람들에게 만만하게 보이지 않는 첫인상을 갖고 싶다면 이 책을 읽기 바랍니다.

이 책을 읽고 나면 누구나 타인의 생각을 투시할 수 있는 방법을 알게 되기 때문에 원만한 인간관계를 유지하는 데 큰 도움이 될 것입니다.

우리는 마음속 생각의 90%를 무의식적으로 표현하는 말투, 버릇, 또는 얼굴 표정으로 드러내게 됩니다. 달리 말하면 우리의 첫인상은 현재 마음을 내보이는 척도라는 뜻입니다.

따라서 이런 점들을 제대로 파악할 수만 있다면 다른 사람의 생각에 맞는 반응과 행동을 함으로써 상대의 호감을 이끌어낼 수 있게 됩니다. 말하자면 처음에 드러내 보이는 동작이나 버릇 같은 것이 내 마음을 나타내는 '바코드'인 셈입니다.

이 책에서는 동작이나 습관만으로 사람의 생각을 읽어낼 수 있는 방법을 소개하는데, 이는 역설적으로 상대의 호감을 얻는 태도에 관한 이야기이기도 합니다. 또한 이것은 단순히 사람의 머릿속을 몰래 들여다본다는 악취미로 끝나는 게 아니라 이를 보다 발전시켜서 원만한 인간관계를 쌓아나가기 위한 방법이라고 생각합니다.

다시 말하자면, 인간관계나 비즈니스를 펼쳐나가는 동안 상대가 나의 첫인상을 좋게 기억할 수 있게 만드는 스킬을 이 책에 담았습니다. 다른 사람의 마음을 읽을 수 있게 되면 그에게 좋은 인상을 줄 뿐만 아니라 그로 인해 좋은 일이 이어질 것이라고 자신 있게 말할 수 있습니다.

왜냐하면 사람은 누구나 첫인상이 좋은 호감형에게 쉽게 마음을 열기 때문입니다. 비즈니스나 영업 현장에서 이런 일은 엄청난 이익으로 돌아온다는 사실을 우리는 경험으로 잘 알고 있습니다. 이 책을 통해 상대의 마음을 사로잡는 첫인상뿐만 아니라 강력한 이미지를 표출하는 사람으로 거듭나기 바랍니다.

나이토 요시히토

모든 인간관계는
첫인상으로
결정된다

그 사람은 도대체
무슨 생각을 하고 있는 걸까?

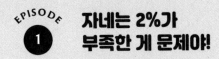

자네는 2%가
부족한 게 문제야!

무역회사에 다니는 10년 차 직장인 우에하라 다카시는 오늘도
지친 발걸음으로 터벅터벅 귀가했다. 집에서 회사까지는 지하철로
40분 정도 걸리고, 다시 집까지는 도보로 15분 정도 걸리니
왕복으로 계산하면 하루에 적어도 2시간 이상을 출퇴근 시간으로
소비하는 셈이다.
예전에는 지하철 안에서 책도 읽고 음악도 들으며 여유시간을
즐겼지만, 요즘엔 꾸벅꾸벅 졸다가 황급히 내리기 일쑤다. 왜
그렇게 피곤을 달고 사는 것일까?

결론부터 말하면, 직장생활이 너무 재미없다. 언젠가부터 다른
사람들과 잘 어울리지 못한다. 열심히 일해도 돌아오는 건 상사의
잔소리뿐이다. 직장생활도 그렇고 싱글로 사는 일상도 그렇고 모든
게 너무 재미없다.
가끔 이직을 생각해본다. 다른 회사로 옮겨서 내 성격이나 습관을
전혀 모르는 사람들과 뒤섞여 완전히 새로 시작하고 싶다. 그러나
이내 포기해버린다. 낯선 사람들과의 새로운 시작이라니, 생각만
해도 더 더 더 피곤하다.

어떻게 하면 남들처럼 자신만만하고 쾌활한 모습으로 살아갈 수
있을까? 소심하고 내성적인 성격도 문제지만 무엇보다 사람들

앞에서 말을 하려고 하면 긴장이 되어 입이 얼어붙는 게 진짜
문제다. 언젠가 부장님이 그에게 이런 말을 한 적이 있다.
"자네는 어딘가 모르게 2% 부족해! 그래서 늘 만만해 보이는 게
진짜 문제야!"
이 말을 들었을 때 약간 놀라기는 했지만, 사실이 그렇다는 걸
알기에 금세 받아들였다. 대단히 허술한 사람이라는 사실을 그
자신도 인정하고 있었다.

문제는, 주위사람들에게 당당한 인물로 비치고 싶지만 마음만 그럴
뿐 제풀에 포기하게 된다는 것이다. 만만하게 보이지 않으려고
얼굴 근육에 힘을 주며 근엄한 듯이 행동해도 그런 가식적인
태도는 내 것이 아니라는 생각에 이내 예전의 얼굴로 돌아오곤
했다.
주위사람들이 함부로 대해도 될 만큼 호락호락한 인간으로 사는
것처럼 불행한 일이 있을까? 아무리 노력해도 남들의 눈에 투명
인간처럼 보이는 슬픔이 또 있을까? 그렇게 질문을 던져놓고도
답을 찾을 수 없기에 우에하라의 하루하루는 답답하기만 하다.

잘나가는 판매사원의
특별한 언어습관

다카마츠 겐이치는 후쿠오카에서 대학을 나오자마자 곧장 도쿄에
와서 1년 반 넘게 취업 활동을 위해 뛰어다닌 적이 있다.
여러모로 쉽지 않았다. 지방대학을 나왔다는 핸디캡이 제일 컸고,
그나마도 성적이 좋지 않아 취직하기가 쉽지 않았다.
그렇게 마음고생을 하던 그는 전국적인 판매조직을 가진
유통회사에서 판매사원으로 일하게 되어 소정의 교육을 받고 도쿄
역 부근의 판매지점에서 일하게 되었다.

하루 종일 고객을 상대로 상품을 설명하고 판매를 유도하는 일은
쉽지 않았지만, 그는 즐거운 마음으로 일을 했다. 그는 이 회사에
입사할 때 두 가지 다짐을 했었다.
첫째는 이 일이 자신의 미래를 위한 트레이닝이라고 생각하고
최선을 다하자는 것이었고, 둘째는 다양한 취향의 고객을 만나면서
사람을 다루는 기술을 익히자는 것이었다.
다행히 어려서부터 인간관계가 좋다는 말을 들었기 때문에
고객들에게 거부감이 없이 다가갔고, 입사한 지 반년도 안 되어
벌써 그를 찾는 단골고객이 생길 정도가 되었다.

입사 2년째가 되었을 때 그는 12명의 판매사원 중에 최고 매출을
기록했고, 4년이 되었을 때는 이 회사의 34개 선국 매장을 동틀어

최고 매출을 기록하게 되었다.

대체 그에게는 무슨 특별한 판매기술이라도 있었던 것일까?

주변에서는 평소에 별로 말도 없고 그렇다고 특별히 잘생긴 외모도

아닌 그가 이렇게 잘나가는 이유를 알 수 없다며 머리를 흔들었다.

그러면서도 동료직원들은 묵묵히 자기 직분에 최선을 다하는

그를 믿을 만한 사람, 쉽게 대해서는 안 될 사람으로 보았다.

그는 쓸데없이 말을 많이 하는 사람이 아니었지만, 한 번 입을

열면 논리정연하게 말을 하는 사람이었다. 그런 언어습관은 그를

솔직하고 당당한 사람으로 보이게 했고, 고객들은 바로 이 점을

좋아하는 것 같았다.

그는 늘 웃는 표정이었지만 그렇다고 웃음이 헤프지 않았다.

아무리 까다로운 고객을 대해도 시선을 피하지 않고 대하여 상대를

기어코 설득시키는 그는, 보잘것없는 스펙에도 절대로 만만하게

보이지 않는 인물이었다. 이 모든 것은 그의 마음 한가운데 고객의

말과 행동 하나하나를 눈여겨보는 세심함이 있었기에 가능한 일이

아닐까?

이것이 바로 그를 가까이에서 지켜본 사람들의 공통된 의견이었다.

억지 웃음과 진짜 웃음을
구별하는 방법

누군가 재미없는 이야기를 해도 의미 없이 웃어줄 때가 있다. 그런 웃음을 흔히 거짓 웃음, 또는 형식적인 건조한 웃음이라고 하는데 우리는 왜 그런 행동을 하는 것일까?

예를 들어 자신보다 지위가 높은 사람이나 나이가 많은 사람이 재미없는 농담을 할 때, 우리는 그가 불쾌하게 느끼지 않도록 살짝 웃어준다. 그의 기분을 맞춰주는 것이 인간관계의 기본이라고 알고 있기 때문이다.

그렇다면 반대 입장이라면 어떨까? 내가 어떤 말을 했는데 상대가 억지로 웃는 듯한 표정을 짓는 걸 본다면 어떨까? 그가 가식적으로 거짓 웃음을 짓는 것인지, 아니면 정말로 내 말이 재미있어서 웃는 것인지 신경 쓰이지 않을까?

이런 상황을 단번에 알아채는 방법이 있다. 만약 상대가 내 이야기에 정말로 재미있어서 웃는지 알고 싶다면 상대방의 광대뼈 주변 근육을 주목하라. **정말로 유쾌한 기분으로 웃**

는 얼굴은 광대의 근육이 위로 살짝 올라가기 때문이다.

입이나 눈 주변은 웃고 있는데 광대 근육이 움직이지 않는다면 그 사람은 그저 형식적인 웃음을 짓고 있을 뿐이다. 그런 표정은 안타깝게도 당신의 이야기에서 관심을 끌 만한 재미를 전혀 찾지 못했다는 뜻이다.

이것은 내가 지어낸 이야기가 아니다. 미국 캘리포니아 주립대학의 폴 에크만(Paul Ekman) 교수가 18세에서 35세 사이의 남녀를 대상으로 유쾌한 기분을 들게 하는 영상을 보여준 뒤에 '진짜 웃음'을 짓는 모습을 녹화했다.

에크만 교수는 다른 한편으로 의식적인 웃음을 지어 보도록 해서 그런 표정도 녹화한 뒤에 진짜 웃음과 비교해보았다. 그 결과, 진짜 웃음의 경우에는 대협골근(大頰骨筋)이 움직인다는 사실이 밝혀졌다.

'큰 광대근'이라고도 불리는 대협골근은 얼굴에서 광대뼈와 입술 가장자리를 잇는 근육으로, 쉽게 말해서 입꼬리를 올라가게 하는 부분이다. 에크만 교수는 결론적으로 말해서 이곳의 움직임이 진짜 웃는 것이라고 했다.

예를 들어 모처럼 소개팅을 하게 된 남자가 식사 후에 이런저런 이야기를 나누다 분위기를 돋우려고 "아프지도 않는데 매일 먹는 약은 무엇일까요?" 하고 질문을 던지고는, 여자가 대답도 하기 전에 "치약!"이라고 답했다고 치자.

이런 썰렁한 아재 개그에 상대가 광대를 올리면서 웃어준다면 정말로 재미있어 하는 것이지만, "재미있네요!" 하면서도 대협골근이 움직이지 않았다면 실제로는 전혀 재미가 없다는 뜻이다.

그런 웃음은 상대가 아무리 즐거운 표정을 지었다고 해도 내심 지루해하고 흥미를 느끼지 못 한다는 얘기로, 한 마디로 말해서 그냥 예의상 어쩔 수 없이 웃었을 뿐이다.

이것을 알아챘다면 즉시 시시껄렁한 농담을 멈추는 게 좋다. 설사 마음에 들지 않는 여성이라 해도 당신의 첫인상을 나쁘게 남길 필요까지는 없지 않은가.

이처럼, 말하는 당사자는 기분 좋게 웃고 있지만 듣는 쪽이 조금도 재미있어 하지 않는 상황은 의외로 자주 있다. 특히 회사의 회식 자리에서 상사가 마구 떠들어대는 자기 자랑은 즐거울 수가 없다.

만만하게 보이지 않는 첫인상

만약 당신이 부지불식간에 그런 이야기를 시작했다 하더라도 동료들이나 직원들이 당신과 눈을 피하며 가식적인 웃음으로만 응한다고 생각되면 더 이상 당신을 싫어하기 전에 재빨리 멈추는 게 좋을 것이다.

진짜로 웃을 때는 광대 근육이 위로 올라간다. 대화 상대가 내 말에 웃어주고 즐거운 표정을 짓더라도 이 근육이 조금도 움직이지 않는다면 가식적인 웃음이다.

Point

뇌는 0.1초 만에
사랑에 빠진다

뇌와 마음의 관계를 탐구하는 뇌과학자 모기 겐이치로는 오래전에 《뇌는 0.1초 만에 사랑에 빠진다》는 책을 발표한 적이 있다. 제목이 말하는 바대로 이 책은 첫인상이 우리의 뇌에 얼마나 큰 역할을 하는지를 흥미진진하게 설명하고 있다.

사실 이 말이 함축하고 있는 내용은 우리가 일상 속에서 자주 경험하는 일이다. 취업 면접장, 소개팅 현장, 비즈니스 거래 및 상담에서 상대방에 대한 첫인상 덕분에 좋은 결과로 귀결되는 경우가 아주 많기 때문이다.

미국의 사회심리학자 솔로몬 애쉬(Solomon Asch)는 첫인상이 우리에게 미치는 영향력이 어느 정도인지를 알아보기 위해 다음과 같은 실험을 했다. 두 집단에게 한 사람의 성격과 특성을 다음과 같은 6개의 단어로 집약해서 소개했다.

• **A집단** : 똑똑하다, 근면하다, 충동적이다, 비판적이다, 고

집이 세다, 질투심이 강하다.

- **B집단** : 질투심이 강하다, 고집이 세다, 비판적이다, 충동적이다, 근면하다, 똑똑하다.

눈치 빠른 독자들은 알아차렸겠지만, 위에 열거된 두 문장은 단어를 나열하는 순서만 거꾸로 했을 뿐 똑같은 단어를 똑같은 길이로 말을 했다. 두 집단은 그 사람에 대한 첫인상을 어떻게 판단했을까?

- **A집단** : 대체로 성실한 사람 같다.
- **B집단** : 문제가 많은 사람 같다.

똑같은 사람에 대한 평가를 단지 단어의 순서만 바꿔 표현했을 뿐인데 이렇게 상반된 반응이 나온 것이다.

이처럼 먼저 제시된 정보가 나중에 들어온 정보보다 사람의 기억에 더 크게 영향을 미치는 현상을 '초두 효과(Primacy Effect)'라고 부른다.

여기서 '초두(Primacy)'라는 말은 사전적으로는 '1순위', 또는 '탁월한' 등을 뜻하는데 심리학에서는 사람을 처음 본

후에 머릿속에 남게 되는 '첫인상'을 의미한다. 왜 이런 현상이 일어날까?

한 마디로 말해서 초두 효과는 뇌가 가진 능력의 한계치 때문에 일어난다. 뇌는 처음에 들어온 정보를 입력한 뒤에 그 후에 들어오는 정보는 앞선 정보의 틀에 맞춰 해석하려는 경향이 있다.

이를 달리 말하면, 상대방의 뇌에 초두 효과를 불러일으키면 자신의 첫인상 이미지를 극대화할 수 있다는 얘기가 된다. 따라서 이렇게 말할 수 있다.

"당신이 지금 소개팅이나 취업 면접, 아니면 비즈니스 거래 현장에 있고 앞서의 문장에 열거된 단어들이 당신의 특성을 말하고 있다면 '고집이 세다, 질투심이 강하다'는 특성보다 '똑똑하다, 근면하다'는 특성을 더 빨리, 그리고 더 많이 강조해서 보여라."

일반적으로 면접에서 첫인상이 좋으면 면접관에게 호감을 주고 프로젝트를 발표할 때 발표자의 태도가 참석자들에게 더 좋은 인상을 남기는 이유는 면접자나 발표자가 바로 자신의 강점에 주력했기 때문이라고 볼 수 있다.

나는 사회심리학자의 입장에서 기업의 면접 현장에 참여할 때가 많은데, 미리 정해놓은 질문사항들에 대해 취업 희망자가 얼마나 해박하게 대답을 하느냐보다 그 사람의 첫인상이나 대답하는 태도의 성실성에 더 많은 점수를 주곤 한다.

동양고전의 최고 병법서인 《손자병법(孫子兵法)》에 '기선(機先)을 제압한다'는 말이 나오는데, 이 말은 상대편의 세력이나 기세 따위를 위력이나 위엄으로 먼저 억눌러 통제한다는 뜻이다. 손자는 이렇게 설명한다.

"싸움 초반부터 확실하게 기선을 제압하고 시작하면 상대는 그 분위기에 압도되어 쉽게 위축된다. 교전 중에 위축된 병사들의 사기를 원상회복시킨다는 것은 아무리 출중한 능력을 가진 장수라도 쉽지 않은 일로, 이는 곧 승패에 중요한 영향을 미친다."

내가 첫인상이 좋은 사람에게 더 많은 점수를 준 것은, 달리 말하자면 그에게 기선을 제압당했기 때문일지도 모른다. 그래서 나는 인간관계에 관한 강의할 때마다 이렇게 말하곤 한다.

"살면서 맺게 되는 어떤 인간관계라도 멋진 첫인상으로 기선을 제압하라!"

물론 내면의 충실함 없이 무조건 호감을 사는 얼굴이나 태도로 모든 인간관계가 훌륭하게 결정되지는 않는다. 진정한 첫인상은 내면적으로, 그리고 외면적으로 긍정적인 부분으로 꽉 차 있는 모습으로부터 출발한다. 당신은 어떤가?

자신의 장점을 0.1초 만에 상대에게 보여주는 것이 바로 첫인상이다. 자신에 대해 긍정적인 평가를 원한다면 처음 0.1초에 최선을 다하라.

Point

좋고 싶은 감정을
단번에 알 수 있는 몸의 방향

상대가 나를 싫어하는지 좋아하는지를 알고 싶다면 그 사람의 '몸의 방향'에 주목하자. 좋아하는 사람이 앞에 있으면 더 가까이 가고 싶은 마음이 들듯이 호감을 느끼게 되면 몸이 자연스럽게 앞으로 향하게 된다.

따라서 탁자를 사이에 두고 마주보고 앉아 있다면 앞으로 내미는 자세를 취하게 되는데, 싫어하는 사람이 앞에 있을 경우에는 될 수 있으면 거리를 두고 싶다는 심리가 발동하기 때문에 몸을 최대한 뒤로 젖히려고 한다.

캘리포니아대학 심리학과 앨버트 메라비언(Albert Mehrabian) 교수는 상대방에 대한 호감을 결정하는 데는 대화의 내용이 7%, 목소리가 38%, 보디랭귀지 같은 시각적 이미지가 55%의 영향을 미친다는 이론을 발표하며 이런 말을 남겼다.

"행동의 소리가 말의 소리보다 크다."

'메라비언의 법칙(Rule of Mehrabian)'이라 불리는 이 말의 핵심은 당신이 연설을 하게 된다면 반드시 알아둬야 할 조언으로, 말의 내용보다는 목소리와 보디랭귀지에 최대한 신경을 쓰라는 얘기다.

메라비언 교수는 다른 실험도 했다. 그는 대학생들을 대상으로 '좋아하는 사람을 머릿속에 떠올려보라'고 요청했다. 그러자 학생들은 무의식적으로 앞을 향해 몸을 내미는 자세를 취했다. 메라비언 교수는 이를 토대로, 기본적으로 몸을 앞으로 내민다는 것은 호의적인 마음을 표현하는 행동이라고 말했다.

나는 이 이론을 강의실에서 직접 경험하고 있다. 강의실 맨 앞자리에 앉는 학생들은 대부분 교수에게 호의를 갖고 있거나 강의 내용을 좋아한다고 볼 수 있다. 하지만 반대라면 뒷자리에 앉는 경향이 강하다.

나는 강의를 할 때 앞자리에 앉아 있는 학생에게는 안심하고 말을 건넨다. 그들은 앞자리에 앉음으로써 '저는 교수님에게 호의적입니다'라는 사인을 보내고 있는 것이라고 볼 수 있기 때문에 나 역시 안심하고 말을 걸게 되는 것이다.

하지만 강의실 뒤쪽에 앉아 있는 학생들은 가급적이면 나와 눈을 마주치고 싶어 하지 않는 경우가 많다. 그들이 그러는 이유는 나도 잘 알 수 없다. 단순히 나의 강의에 관심이 없는 것일지도 모르고, 나에 대해 무관심하거나 반감을 갖고 있는지도 모른다.

강의실에서 학생들의 자세를 관찰해보면 앞쪽에 앉는 학생들은 몸을 앞으로 향한 자세로 강의 내용을 메모하거나 듣는다. 반면에 뒤쪽에 앉아 있는 학생들은 의자 등받이에 기댄 듯이 몸을 뒤로 젖힌 채 시선은 허공을 향하고 있다.

뭔가 화가 나거나 짜증이 난 듯한 표정, 그게 아니면 철저히 무관심한 얼굴이다. 나는 그런 자세만으로도 그들이 나와 나의 강의에 대해 어떻게 생각하는지를 엿볼 수 있다.

회사에서 기획안을 발표할 때, 팀원들이 몸을 앞으로 내민 채 말을 들어준다면 그 발표는 성공적으로 끝날 가능성이 높다. 왜냐하면 발표자인 나에게 호의를 가지고 있는 게 분명하기 때문이다.

반대로 발표 중에 팀원들이 대부분 자세를 뒤쪽으로 향하여 젖히고 있다면 '나는 당신이 별로라고 생각해', '나는 이 기획에 반대한다'는 의견을 암암리에 드러내는 것이기에 발표가 실패로 끝날 확률이 높다.

다른 사람의 호감을 받으려면 앞을 향해 몸을 내미는 자세를 보여라. 적극적으로 보디랭귀지를 이용하라. 행동의 소리가 말의 소리보다 크다.

Point

만만하게 보이지 않는 첫인상

무심코 하는 행동에
본심이 드러난다

우리가 본심을 드러내는 동작에는 잠시 동안 지속되는 것과 순식간에 사라지는 것이 있다. 갑작스런 일을 당했을 때 이에 대한 반응으로 잠시 지속되는 동작은 알아차리기 쉽지만, 순식간에 사라지는 동작은 똑바로 관찰하지 못하면 상황 파악에 도움이 되지 않으니 주의 깊게 지켜볼 필요가 있다.

콜로라도대학 커뮤니케이션학과의 오드리 넬슨(Audrey Nelson) 박사는 순식간에 표현되었다가 곧바로 사라져버리는 사람들의 신호를 '미소 행동(微小行動, micro behavior)'이라고 불렀다.

가령 나쁜 소식을 들은 사람은 아주 짧은 순간 어깨를 떨구는 동작을 보인다. 이런 행동은 순간적으로 나타나는 것이기에 주의 깊게 보지 못한 사람은 눈치 채지 못할 수도 있다.

"미안한데, 이번 제안은 없었던 일로 해야 할 것 같아."

"고마운데, 너무 바빠서 함께할 수 없겠어. 다음에 보자."

"그동안 고마웠네, 이제 공동 프로젝트는 그만두었으면 하네."

이런 소식들을 들으면, 이 일에 열정을 다했던 상대는 순간적으로 어깨를 떨군다. 하지만 곧바로 어깨를 원상태로 돌린다. 주의해서 관찰하지 않으면 알아차리기가 어렵다.

"괜찮아, 별로 기대하지 않았어!" 하고 대답하지만 어깨를 떨궜던 미소 행동으로 보아 사실은 마음속으로 크게 상처받았다는 것을 알 수 있다.

따라서 상대의 기분을 잘 감지하는 사람은 "괜찮아!"라는 대답을 듣더라도 정중하게 위로와 사과의 말을 건넬 것이다.

미소 행동에는 여러 가지 형태가 있다. 손으로 머리나 턱을 만진다, 눈을 심하게 깜빡인다, 두 손을 비벼댄다 등 다양한 행동을 통해 자신의 마음속 당혹감을 표출한다. 이런 식의 무의식적인 징후들은 인간관계에서 본심을 파악하는 단서가 되어 내가 어떻게 대응해야 할지를 결정하는 데 도움을 준다. 비즈니스나 인간관계에서 그만큼 내게 유리한 상황으로 만들어갈 수 있게 되는 것이다.

우리는 제스처나 보디랭귀지가 입으로 구사하는 언어에 비해 표현하기 어려운 미묘한 부분을 상대에게 전달하는 강력한 힘을 가지고 있다는 사실을 잘 알고 있다. 따라서 이런 표현을 세심하게 관찰하면 상대가 굳이 입으로 하지 않는 마음속 이야기를 알아챌 수 있다.

그러니 사람들을 만날 때는 항상 상대의 태도에 신경을 쓰도록 하자. 그렇게 하지 않으면 중요한 실마리를 놓쳐버리거나 주도권을 빼앗기게 되어 유리한 상황을 만들지 못하게 된다는 점을 기억하자.

> **Point**
> 순식간에 지나가는 상대의 표정이나 행동을 눈여겨보고 거기에 맞게 대응하자.

빨리 자리를 뜨고 싶어 하는
마음을 알아내는 법

〜〜〜〜〜

데이트 중에 빨리 집에 가고 싶어 하는 상대를 붙잡는 것만큼 바보 같은 짓은 없을 것이다. 소개팅으로 만난 자리에서 상대방이 빨리 집에 가고 싶어 하는 마음을 똑바로 읽어내지 못하는 사람은 첫 만남에서부터 나쁘게 헤어지는 상황을 피하기 어렵다.

상대방이 시계를 슬쩍슬쩍 보기 시작하거나 갑자기 탁자 위에 있는 찻잔을 정리하기 시작하면 이제 슬슬 집에 가고 싶다는 사인을 확실하게 드러내는 것으로 누구라도 눈치 챌 수 있다. 그러나 문제는 그 정도로 확실하게 신호를 보내는 경우는 별로 없다는 사실이다.

그렇다면 어떤 실마리에 주목하면 좋을까? 바로 상대방의 몸의 방향이다. 예를 들어 **무의식적으로 발끝이나 몸을 출입구 쪽으로 향하고 있다면 슬슬 그 자리에서 벗어나고 싶다는 신호**라고 할 수 있다.

만만하게 보이지 않는 첫인상

출입구가 오른쪽 구석에 있다면 상대의 발끝은 자연스럽게 오른쪽으로 향한다. 그러다 이 자리에서 벗어나고 싶다는 기분이 강해지면 발끝만이 아니라 몸 전체가 그쪽을 향하기 시작한다. 이런 상황이 지속되다 보면 몸이 비틀어져 좋지 못한 자세가 되더라도 출구 쪽으로 몸이 향하고 만다.

또 다른 실마리도 있다. 상대방이 집에 가고 싶어 하는지를 알 수 있는 몸의 자세로 '체중 이동'이 있다. 미국 워싱턴 대학 심리학과 로카드(Lockhard J. S.) 교수가 20세에서 55세까지 185명을 대상으로 실행한 연구에 따르면, 어떤 일을 하다가 문득 집에 가고 싶다는 생각이 드는 사람은 예외 없이 체중 이동을 하는 행동을 보인다고 말했다.

"집에 가고 싶어 하는 사람은 무의식중에 엉덩이를 들썩거리기 때문에 몸을 좌우로 움직이는 체중 이동을 시작한다."

만약 눈앞에 앉아 있는 사람이 몸을 좌우로 왔다 갔다 하면서 꼼지락대면 체중 이동을 본격적으로 시작하는 것이기에 이제 집에 가고 싶어 안달을 한다는 표현이라고 봐도 무방하다. 이런 경우에는 대화를 빨리 마무리하고 그를 해방시켜 주는 게 좋다. 이게 바로 호감을 받는 사람의 행동이다.

예를 들어, 세일즈 상담을 위해 어떤 사람과 만났는데 비록 그가 허락한 시간이 30분이라도 휴대폰을 본다든가, 빈번하게 체중 이동을 하는 등 자리를 뜨고 싶다는 신호를 보낸다면 10분 정도에서 이야기를 끝내는 편이 그를 배려하는 것이라고 할 수 있겠다.

문제는, 대부분의 사람들이 이렇게 하지 않는다는 것이다. 예를 들어 보험 판매를 하는 사람이 어렵게 성사된 미팅을 하게 된 경우가 있다. 그동안 여러 차례 방문했음에도 허락을 받지 못하다가 겨우 면담을 하게 되었으니 기대감도 매우 클 것이다.

그런데 상대가 상담이 시작된 지 10분도 안 되어 몸을 비

만만하게 보이지 않는 첫인상

비 꼬거나 자꾸 시계를 보면서 어서 끝내달라는 신호를 보내고 있다. 이런 상황에서 약속된 1시간 동안 계속 이야기를 이어간다면 어떻게 될까? 상대방에게 퇴짜를 받을 가능성만 높아지지 않을까?

상대의 무의식적인 행동 변화를 재빨리 읽어내고, 그에 따른 대안을 만드는 것이 인간관계에서 중요한 포인트다.

Point

취업 면접은
걸음걸이에서 결정된다

나는 많은 기업들로부터 취업 면접관이 되어 달라는 부탁을 자주 받는다. 면접 현장에서 만나는 취업 희망자들의 모습은 아주 다양한데, 한 가지 공통점은 취업에 대한 열망이 얼굴에 가득하다는 것이다.

나는 취업 희망자가 방으로 들어오고 의자에 앉을 때까지, 그 짧은 시간 안에 그들에 대한 채용 여부를 결정할 수 있다. 말도 안 된다고 생각하겠지만, 이건 분명한 사실이다.

무엇으로 그것을 알 수 있느냐 하면, 바로 그들의 걸음걸이다. 실내로 들어오고 난 뒤부터 자리에 앉을 때까지 걸음걸이가 빠른 사람일수록 대화를 무난하게 진행할 수 있다. 반면에 걸음걸이가 느린 사람은 면접이 잘 진행되지 않는다.

우리 사회는 행동이 재빠른 사람을 선호한다. 반대로 매사에 느릿느릿한 사람은 외면당하기 십상이다. 면접관은 취업 희망자가 방에 들어온 뒤에 활기차게 걸어와서 자리에 앉으

만만하게 보이지 않는 첫인상

면 일단 호감을 갖고 대하게 된다. 이때의 첫인상이 취업 여부를 결정하는 데 만만찮은 요인으로 작용한다.

이것은 스웨덴 린셰핑대학 심리학과 아스트롬(Astrom J.) 교수의 주장이다. 아스트롬 교수는 여러 직업군에 종사하는 20세에서 65세까지의 남녀를 모아서 연구자와 면접을 하도록 실험을 해봤다.

그는 면접 풍경을 몰래카메라로 촬영했는데, 영상을 분석해보니 피실험자가 자리에 앉을 때까지의 시간이 빠를수록 자리에 앉고 난 뒤에 면접관과 눈을 마주치는 장면이 늘었고 대화도 부드럽게 진행된다는 사실을 알아냈다.

그에 비해서 느릿느릿 방으로 걸어 들어오는 사람에게는 면접관이 미간을 찌푸리는 장면이 포착되었다. 나중에 면접관에게 물어보니 거만하다, 답답하다, 무능하게 보인다 등의 첫인상을 말해주었다.

결과적으로 말해서 **취업 면접은 실내로 들어와 자리에 앉을 때까지의 짧은 순간이 승부처다.** 그렇다고 총총거리며 뛸 필요는 없다. 될 수 있는 한 경쾌한 발걸음으로 자리에 앉는 것이 포인트다. 여기에 표정이 밝고 자신감에 차 있다면 가

산점은 자동이다.

이것은 비즈니스나 상담 현장에서도 그대로 통용된다. 고객에게 호감을 주는 걸음걸이도 이와 마찬가지다. 고객으로부터 "잠시 실례해도 되겠습니까?"라는 말을 들었을 경우에는 곧바로 자리에서 일어나 재빠르게 다가가자. 이때 진심이 담긴 미소는 물론이고 겸손한 태도는 당연하다.

고객 입장에서는 자신의 말에 즉각 반응하는 직원의 태도에 만족감을 느낀다. 반대로 고객이 면담을 요청했는데 직원이 느릿하게 반응하면 짜증이 난다는 사실을 우리는 경험으로 알고 있다. 이 모든 것은 연습과 습관의 문제로, 누구나 얼마든지 키울 수 있는 능력이다. 당신도 오늘부터 당장 몸에 익히기를 바란다.

> 취업 면접에서 밝고 빠르게 걷는 자세가 당락을 결정하는 일이 많다. 이는 비즈니스 현장에서도 통용되는 일임을 잊지 말자.

Point

만만하게 보이지 않는 첫인상

사람의 내면은
옷차림으로 드러난다

복장을 보면 그 사람이 어떤 인물인지를 대략적으로 예측할 수 있다. 사람의 내면이 옷차림에 고스란히 드러나기 때문이다. 이렇게 옷차림으로 알 수 있는 특징으로는 여러 가지가 있지만 그중에 몇 가지만 소개하겠다.

먼저 단정하고 말끔한 옷차림을 하는 사람은 불안감이 없고 자신감이 넘쳐 보인다. 수수한 차림에 무엇 하나 튀지 않는 옷차림인데도 단연 돋보이는 경우가 있다.

어떤 사람은 분명히 말끔한 차림을 하고 있는데 어딘가 모르게 어색해 보인다. 지나치게 화려한 색상의 셔츠를 입었거나 몸에 맞지 않는 옷을 입은 것처럼 불안한 기색이 역력한 경우가 그렇다.

그런가 하면 옷차림이 보통 이상으로 화려한 사람이 있다. 이런 사람은 자신을 봐주기를 바라는 자기과시 욕구가 강하다고 할 수 있다. 또 남의 칭찬에 약하기 때문에 멋있다, 훌

륭하다 같은 말을 해주면 금방 마음을 연다.

일반적으로 자기애가 강한 사람일수록 복장에 지나치게 집착하는 경향이 있고, 그와는 달리 다른 사람을 우선적으로 배려하는 사람들은 옷차림에 그다지 개의치 않는다.

자신의 외견에 집착하지 않는 것은 자기보다 다른 사람을 더 생각하기 때문이기도 하지만 평범한 옷을 입어도 개의치 않는 자신감이 있기 때문이기도 하다.

인도 독립의 아버지라고 불리는 마하트마 간디는 젊은 시

만만하게 보이지 않는 첫인상

절에 영국제 양복을 즐겨 입었다. 그러나 인도로 돌아와서는 하층 계급이 걸치는 볼품없는 전통 의상을 손수 짜서 입었다.

마음속으로 자신보다 조국 인도를 더 중요하게 생각했기 때문이기도 하지만, 그런 옷차림으로도 충분히 외세에 대항할 수 있다는 자신감이 있었기 때문일 것이다.

옷차림에 집착하지 않고 아무 옷이나 걸치는 사람을 칠칠치 못한 성격이라고 보는 사람도 없지 않겠지만, 그런 모습은 자기애가 강한 게 아니라 타자 지향의 성격을 가지고 있다고 생각해도 좋을 것이다.

옷차림에 집착하지 않는 사람은 타자를 우선시하는 경향이 있다. 그런 사람은 매사에 불안감이 없고 자신감이 넘친다.

Point

검은 옷을
좋아하는 사람의 성격

어떤 색상의 옷을 즐겨 입느냐에 따라 성격을 파악할 수 있다. 심리학자들은 밝은색보다 **검은색 계통의 색깔을 좋아하는 사람은 공격성이 강하다고 본다.**

미국 텍사스대학 심리학과 페나(Pena J.) 교수는 180명의 대학생들을 대상으로 검은색과 흰색 중에 어느 쪽을 좋아하는지 조사한 다음 모두에게 공격성의 강함을 측정하는 심리 테스트를 받아 보게 했다.

결과는, 검은색을 좋아하는 학생은 3.5점 만점에 3.04점의 공격성을 보인 반면에 흰색을 좋아하는 학생은 1.83점의 공격성을 보였다. 이를 100점 만점으로 환산해보면 87점과 52점으로, 그만큼 검은색 계열의 복장을 선호하는 이들의 공격성이 강하다는 결론이었다.

만약 독자 여러분의 주변에서 평소 검은색 계열의 복장을 좋아하는 사람이 있다면, 그는 많든 적든 공격적인 성향이 있

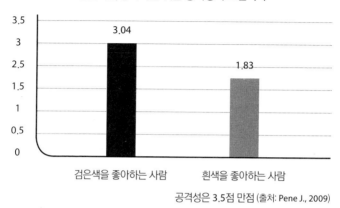

검은색을 좋아하는 것은 공격성의 표현이다

3.5
3
2.5
1.5
1
0.5
0

3.04

1.83

검은색을 좋아하는 사람   흰색을 좋아하는 사람

공격성은 3.5점 만점 (출처: Pene J., 2009)

는 사람이라고 추정해도 좋을 것이다.

나는 비교적 어두운 계열의 옷을 즐겨 입는다. 사실 나는 어떤 문제로 논쟁이 붙으면 자신도 모르게 싸움을 하고 마는 경우가 종종 있다. 반면에 아내는 주로 흰색 계열의 옷을 좋아하는데, 나하고는 정반대로 다른 사람과 다투는 일이 별로 없다.

한 가지 덧붙여서 말하자면 재판관이 입는 법복이 검은색인 이유는 법률로 정해져 있다. 이 경우의 검은색은 재판관의 권위를 뜻하는 '강력함'을 과시하기 위한 목적이라고 할 수 있다.

주변을 보면 가방이든 손목시계든 안경테든 모든 것을 검은색으로 통일하는 사람이 있다. 이들은 남들에 비해 공격적인 성향이거나, 아니면 자기 자신에 대해 강한 자신감을 가지고 있다고 볼 수 있다. 반대로 흰색 계열의 옷차림을 좋아하는 사람은 성격적으로 온순하고 순종적인 면이 강하며, 생각이 많아 매사에 조심하는 성격이라고 볼 수 있다.

검은색 계열의 옷을 즐겨 입는 사람은 꽤나 공격적인 성향이거나 자기 자신에 대해 강한 자신감을 가지고 있다고 볼 수 있다.

Point

만만하게 보이지 않는 첫인상

SNS에 과장과 거짓말이
난무하는 이유

인스타그램이나 유튜브를 통해 소통하는 것이 일상화된 오늘날, 사람들이 유독 SNS에 자신에 대한 이야기를 과장하거나 거짓말을 하더라도 양심의 가책을 느끼지 않는다는 연구 자료가 있다.

얼굴을 맞대고 있을 때는 절대 거짓말을 하지 않는 사람들도 SNS상에서는 간단히 거짓말을 하는데, 그 이유는 무엇일까?

미국 디폴트대학 심리학과 연구팀은 'SNS에서 거짓말을 하는 것에 대해 죄책감을 갖는가?'라는 질문을 가지고 조사를 해보았는데, 대부분의 답변자들은 죄책감을 느끼지 않는다고 대답했다.

예를 들어 이 글을 쓰고 있는 필자조차도 매일 굉장히 많은 양의 메일을 주고받고 있는데, 답장을 보낼 때는 적잖게 거짓말을 섞어 보내는 경우가 많다.

가령 누군가 별로 하고 싶지 않은 강의를 의뢰해오면, 전혀 바쁘지 않으면서도 너무 바빠서 해드리기가 어렵다고 아무렇지 않게 거짓말로 답장을 보내면서 전혀 죄책감을 느끼지 않는다.

한 번은 어느 기업에서 직원들을 대상으로 강의를 해달라는 요청이 왔다. 예전에 그 회사에서 강의를 한 적이 있는데, 직원들의 반응이 꽤나 나빴던 기억이 있어 적당히 거짓말로 둘러대며 거절했다. 그러면서도 죄책감이나 미안함을 느끼지 않았다.

왜 SNS는 사람들을 거짓말의 함정에 빠지게 하는 것일까? 이유는 간단하다. 상대방이 눈앞에 없기 때문이다. 상대방을 의식하지 않아도 되기 때문에 마치 가면을 쓴 듯이 아무렇지 않게 거짓말을 하는 것이다.

얼굴을 맞대고 있는 상황이라면 상대가 눈앞에 있기 때문에 좀처럼 거짓말을 하기가 어렵다. 상대방의 기분을 생각하면서 얘기해야 하기 때문에 이런저런 눈치를 봐야 한다.

편지는 어떨까? 이 경우에도 받는 사람을 머릿속으로 떠올리며 내용을 구상하고 정리해야 하기 때문에 거짓말을 하기가 쉽지 않다.

만만하게 보이지 않는 첫인상

대표적인 온라인마켓인 아마존닷컴이나 옥션은 오프라인 매장에 가지 않고도 모바일이나 PC만 있으면 집에서 편하게 원하는 상품을 구매할 수 있다는 장점을 내세워 최근 몇 년 동안 엄청난 매출 상승을 기록한 기업들이다.

이에 비해 대표적인 오프라인마켓인 백화점은 매장에서 판매원이 손님과 얼굴을 마주 대하며 상품을 제시하고 설명하면서 판매하기 때문에 화장품처럼 상담을 필요로 하는 상품이나 직접 입어보고 사는 옷, 그리고 보석류 같이 고가품 부문에서 큰 매출을 기록하고 있다. 눈과 눈, 얼굴과 얼굴, 마음과 마음을 마주하고 대하는 영업의 장점을 보여주는 대목이다. 바로 이것이 오늘날과 같은 인터넷 만능시대에도 대면판매(對面販賣, face-to-face sales)가 더욱 활성화되는 이유다.

따라서 상대방과 솔직하고 진중한 대화를 나누고 싶다면 SNS상으로 소통하기보다는 가급적 직접 만나는 방법을 택하는 편이 좋다. 말하자면, 상대가 메일로 간단히 거절해버릴 상황이라도 직접 만나 부탁하면 허락해줄 가능성이 크다는 얘기다.

> 누군가의 도움을 청할 일이 있으면 SNS보다는 직접 만나 얼굴을 맞대고 부탁하면 응낙할 가능성이 높다.

Point

음식의 양으로
상대의 기분을 알 수 있다

우리는 대화를 나누면서 기분이 좋을 때에는 많이 먹고, 많이 마신다. 반대로 우울하거나 기분이 나쁠 때는 별로 식욕을 느끼지 못해서 많이 먹거나 마시지 못한다. 기분이 식사의 양을 결정한다는 말은 그런 면에서 분명한 근거를 가지고 있다고 볼 수 있다.

만약 고객을 접대하는 상황이라면, 그의 식사 속도나 술잔을 비우는 횟수를 보면 좋을 것이다. 고객이 진심으로 접대를 즐기고 있다면 많이 먹고 마시기 마련이기에 그것을 확인함으로써 이번 상담에 어떤 결과가 나올지 예상할 수 있다.

반대로 **상대가 별로 먹거나 마시지 않는다면 그 접대는 빨리 끝내는 편이 좋다.** 겉으로는 좋은 척하며 앉아 있지만 내심 어서 자리를 뜨고 싶어 하는 마음으로 가득할지 모른다.

이런 판국에 눈치 없이 "아직 이른 시간이니 2차 어떠십니까?" 같은 말을 걸어서는 절대 안 된다. 이쯤 해서 적당히 물러나는 편이 다음의 만남을 기약하는 데 유리하다.

캘리포니아대학 심리학과 페그 윙클만(Peg Winkelman) 박사는 즐거운 기분일 때가 불쾌한 기분일 때보다 2.8배나 레몬주스를 많이 마신다는 사실을 실험을 통해 확인했다.

독자 여러분도 경험이 있을 텐데, 상사가 무리하게 술을 권하면 그다지 마시고 싶지 않다. 정신적으로 부담이 되기 때문이다. 하지만 친구들과 함께할 때는 마음에 부담이 없으니 얼마든지 마실 수 있다. 즐거운 기분일 때는 한 번에 한 잔을 전부 마실 수도 있지만 뭔가 마음에 걸리는 게 있거나 부담스러울 때는 홀짝거리게 되니 말이다.

고객과의 중요한 미팅을 잡았다고 치자. 워낙 중요한 고객인지라 호텔의 고급 레스토랑에서 약속을 잡았다. 그런데 웬걸, 고객이 그 비싼 음식을 절반도 안 먹고 배가 부르다며 물만 마시고 있다.

이럴 때는 재빨리 장소를 바꾸든가 상담을 다음 기회로 미루는 게 낫다. 어렵게 모신 고객이라도 그가 어떤 이유로든 만남 자체를 싫어하는 분위기라면 그를 배려하는 쪽으로 다시 선택해야 한다.

접대의 달인으로 알려진 어느 대기업의 영업 책임자는 고객이 좋아하는 음식이라는 이유로 아프리카 원주민들이 먹는 음식도 먹었다고 한다. 처음 먹는 음식이라 입맛에 맞지 않았지만, 상대가 워낙 맛있게 먹으니 그의 취향에 맞춰 그릇을 싹 비우며 먹어치웠다.

식사 후에 고객이 말하기를 분명히 입맛에 맞지 않았을 텐데 거리낌 없이 자신에게 맞춰주어 고맙다며 이번 거래에 조건 없이 응낙하겠다고 말했다고 한다.

이런 경우만 봐도 음식을 먹는 소소한 행위에서도 인간관계의 만족도는 물론이고 거래를 성사시키는 비결이 들어 있음을 알 수 있다. 당신이 만약 비즈니스 거래를 하게 되어 아프리카의 낯선 음식을 먹게 된다면 어떻게 할지 한 번쯤은 생각해보기 바란다.

함께 먹는 음식 하나하나에 인간관계의 만족도는 물론이고 거래를 성사시키는 비결이 담겨 있다고 생각하라.

Point

만만하게 보이지 않는 첫인상

왜 자꾸 얼굴이나 팔을
만지작거릴까?

우리는 무엇인가 나쁜 짓이나 상식에 반하는 행동을 할 때
몸 어딘가에 가려움을 느낀다. 그 때문에 **손발이나 얼굴 같은
곳을 만지작거리는 동작을 하게 되는데, 이는 거짓말을 하고
있다는 무의식적인 신호**이기도 하니 유의해야 한다.

뉴욕주립대학 심리학과 필리(Feeley T. H.) 교수는 학생들
에게 시험문제를 낸 뒤에 조금이라도 얼굴을 들게 되면 바
로 옆자리에 앉은 사람의 답안지가 보이게 하는 실험을 했
다. 실험 결과, 컨닝을 하는 학생들은 옆 사람의 답을 보지
않는 학생들에 비해 두 배나 손발을 만지작거리는 행위가
증가했다고 한다. 무의식중에 손발의 어느 부위에 가려운 증
상이 생긴 것이다.

시장에서 판매원이 호객 행위를 하면서 "더 이상 가격을
내리면 남는 게 없다"고 말하면서 얼굴이나 손을 만지작거
린다면 그 사람은 분명히 거짓말을 하고 있다고 봐도 좋다.

엄마에게 혼이 나는 아이가 "그런데……" 하며 변명을 할 때도 거짓말을 하는 아이는 곧바로 알 수가 있다. 왜냐하면 얼굴이나 머리, 팔 같은 곳을 만지기 때문이다.

마음에 드는 상대에게 주말에 같이 식사를 하자고 청했는데, 미안하지만 선약이 있다고 대답하며 역시나 몸의 어느 부분을 만지는 동작을 취한다면 사실은 별로 바쁘지 않다는 표시로, 그저 당신과 식사를 하는 게 싫을 뿐이다.

우리는 거짓말을 할 때 긴장을 하는 탓에 체온이 조금 오르게 된다. 그 때문에 몸이 근질거리게 되고, 동시에 가려움을 느끼게 된다. 마치 추운 날 목욕탕의 온탕에 들어갔을 때 체온이 갑자기 올라가면서 몸이 근질거리는 것과 마찬가지

만만하게 보이지 않는 첫인상

다. 거짓말을 할 때 신체를 만지작거리는 것은 이 같은 이유 때문이다.

하지만 좀 더 정확히 말하자면 신체를 만지작거리는 동작은 거짓말보다는 긴장을 하고 있다는 신호라고 볼 수 있다.

예를 들어 사람들 앞에서 발표를 하는 일에 익숙하지 않은 사람은 손이나 머리를 만지작거리는데, 이는 너무 긴장한 탓에 그런 동작을 통해 스스로 긴장감을 완화시키려는 것이라고 할 수 있다.

그렇기에 뭔가 피치 못하게 거짓말을 하고 있거나 긴장하고 있음을 상대에게 알리고 싶지 않다면 몸을 움직일 때 각별히 주의를 해야 한다. 섣불리 만지작거리는 행동을 취했다가는 긴장하고 있다는 사실을 상대에게 들켜버릴 수 있으니 말이다.

피치 못하게 거짓말을 할 때나 긴장하고 있음을 들키고 싶지 않다면 몸동작을 조심하라.

Point

상대의 감정을 좌우하는 사람은
결국 누구인가?

우리는 실생활에서 자신의 감정을 곧이곧대로 드러내는 경우가 적지 않다. 예를 들어 '외면'이라는 동작은 눈앞에 있는 사람에게 혐오감을 드러내는 신호인데, 이런 감정은 이야기를 주고받는 상대가 누구냐에 따라 표출되는 것이다.

따라서 상대방이 분노를 드러내는 표정이나 동작을 보인다고 해서 섣불리 '아, 이 사람은 화를 잘 낸다!'라고 단정 지어서는 안 된다. 이럴 때는 오히려 함께 있는 당신이 상대방을 화나게 했을 가능성에 대해 먼저 생각해보는 편이 좋다.

만약 당신이 기분 좋게 대응했다면 상대방은 분노가 드러나는 표정을 짓지 않을 수도 있다. 설령 상대방이 화를 잘 내는 성격이라 해도 모두가 같이 웃으면서 대응하면 그 사람도 부드러운 표정을 지을 수밖에 없을 것이다.

그러니 이렇게 생각해볼 수 있다. 만약 상대방이 불쾌감을 느낀다면, 그 감정을 일으킨 것은 그 사람 자신이 아니라 다름 아닌 당신일 수도 있다. 따라서 무조건 화를 내는 상대방을 몰아세우기보다 그에게 그런 감정을 일으키도록 내가 어떻게 말하고 행동했는지를 돌아보는 과정이 필요하다.

심리학을 공부한 사람들 중에는 인간관계에서 '독심술'이 심리학의 끝이라고 믿는 경우가 많다. 상대방의 감정이나 생각을 읽어내기만 하면 그것으로 원만한 인간관계는 걱정할 게 없다는 식이다.

그렇지만 상대의 감정을 읽어내는 것뿐만 아니라 그것을 계기로 보다 좋은 인간관계를 구축해나가려는 노력이 더 중요하다. 내가 먼저 상대를 인정하고 이해하는 노력이 없다면 인간관계가 좋아질 리 없으니 말이다.

미국 코네티컷대학 데이비드 케니(David Kenny) 교수는 사람들의 동작이나 표정은 대화를 주고받고 있는 상대에 대한 반영이라고 하면서 이를 '파트너 효과'라 명명했다.

상대방이 화를 내는 이유가 나 자신에서 비롯될 수 있다는 사실을 외면해서는 안 된다. 당신이 무례한 태도를 보였기에 상대방이 분노의 신호를 보내는 것일 수도 있다. 한 발자국 물러나 전체적인 상황을 생각하면, 보다 좋은 인간관계는 상대가 아니라 나로부터 시작된다는 사실을 깨닫게 될 것이다.

2

나를
돋보이게 하는
셀프연출법

지금 하는 저 말,
믿어도 괜찮을까?

일벌레 마케터의
치명적인 단점

야마우치 시로는 전자상거래 회사의 잘나가는 마케터로
70명이 넘는 마케터들 가운데 매월 가장 많은 매출을 올리는
베테랑이었다. 그가 취급하는 상품은 여성들을 위한 가죽 제품으로
가죽 재킷, 가죽 가방, 가죽 구두, 가죽 벨트 등 다양했다.
이런 제품은 대부분 이탈리아나 프랑스에서 직수입한 고급
명품들로 30~40대 여성들이 고객의 대부분이었다. 그렇다는
것은 글로벌 트렌드에 대해 명석한 판단력과 시대를 앞서가는 예측
감각이 요구된다는 얘기였고, 그가 이 방면에서 탁월한 능력을
발휘하고 있다는 뜻이기도 했다.

물론 누구보다 잘나가는 그에게도 애로사항은 있었다. 무엇보다
고객의 트렌드 변화가 너무나 빨라서 쫓아가기가 힘들 때가
많았다. 이탈리아나 프랑스에서 최신 유행하는 트렌드가
하루아침에 지구 반대편까지 퍼지는 세상이니 그렇기도 하겠지만,
그것을 알아챈 순간 이미 유행에 뒤진 것이 되니 밤잠을 이루지
못하며 고민할 때가 많았다.
여차하면 경쟁 회사에 고객을 빼앗길 수 있고, 한 번 유행에
뒤진다는 소문이 나면 담당 마케터로서 정말 생각하기도 싫은
사태가 찾아올 수도 있었다. 그렇게 되기라도 하면 10년 공든 탑이
와르르 무너질 건 뻔했다.

오로지 마케팅만 염두에 두고 살아온 지난 10년 동안 그에게
늘어난 것은 꽤나 엄청난 통장의 잔고였지만 그보다 더 늘어난
것은 감당하기 어려운 스트레스였고, 또 하나는 개인적인 시간이
전혀 없다는 것이었다.
회사는 그를 중요한 인재로 여겼지만, 동료들은 그를 '일벌레'라고
불렀다. 야마우치 같은 워커홀릭들은 '업무 제일주의라는 병에
중독된 환자'로, 말하자면 일종의 정신질환으로 분류되는 증상을
보인다.

야마우치 시로가 딱 그랬다. 일 말고는 아무것도 모르는 바보라고
해도 과언이 아니었다. 처음엔 그를 경외의 대상으로 보던
동료들도, 시간이 지나면서 일에 대한 그의 완벽주의적이고
강박적인 성향에 힘들어했다. 점차 그를 멀리하기 시작했고,
심지어 불쌍하게 보기까지 했다.
사실이 그랬다. 그는 일 외적으로는 불쌍하다 못해 심하게 만만해
보이는 사람이었다. 그 자신도 그것을 인정했다. 가죽 제품 관련
일 말고는 시사 상식이나 사회문제, 문화 등 아무것도 모르는
바보라고 말이다. 어떻게 하면 좋을까? 그는 그렇게 답이 없는
일상을 그저 열심히 살고 있었다.

그녀가 매력적인
첫 번째 이유

나고야 시의 변두리 지역에서 약국을 운영하는 마츠다 게이코는
이제 막 서른 살이 된 여성으로 약학대학을 졸업하고 2년 동안
제약회사에서 일하다 고향에 돌아와 약국을 열었으니 4년째
이곳에서 일하고 있는 셈이었다.

그동안 열심히 노력한 결과 단골고객도 많이 생기고 친하게 지내는
주민도 많아져서 사업적으로 어느 정도 자리를 잡게 되었다. 더
반가운 소식은, 그녀의 약국이 말하자면 마을의 사랑방 같은 곳이
되었다는 점일 것이다.

약국은 하루 종일 마을사람들로 들썩였는데 출퇴근길에 잠깐
들르는 아저씨부터 산책길에 잠깐 얼굴을 보고 가겠다는 아주머니,
오후만 되면 이웃집 들르듯이 찾아와 온갖 집안 대소사를 전하는
어르신들에 이르기까지 언제나 시끌벅적했다.

그녀가 이렇게 마을사람들의 사랑을 받는 이유는 무엇일까? 그건
그녀의 타고난 친화력 덕분일 것이다. 그녀는 늘 웃는 표정으로
약국을 찾는 고객들에게 다가갔고, 그들의 말을 진지하게 들어주고
나름의 생각을 전하기 위해 노력했다.

사람이 항상 웃는 표정을 짓기란 쉽지 않은 일이다. 자칫하면
가벼운 사람으로 비칠 수 있고, 혹은 숨은 의두는 있는건 아닌지

의심을 받을 수도 있다. 그녀의 장점은 이러한 경계선을 아주 잘
유지한다는 것이었다.

친절하면서도 진중한 태도로 이웃의 고민을 귀담아듣고, 해결
방법을 찾아 소상히 설명해주는 그녀에게는 프로다운 모습이
보였다. 자기 분야에 최고 전문가다운 태도를 보이는 것처럼 멋진
모습이 또 있을까?

그녀의 또다른 장점은 주민들의 건강 문제라면 몸을 아끼지
않는다는 것이었다. 한밤중에라도 누가 아프다는 연락을 받으면
한걸음에 달려가 필요한 조치를 취했다.

자기의 직업에 해박한 지식을 갖고 있지만 절대 우쭐거리지 않고
알기 쉽게 설명하는 그녀는, 말하자면 마치 선생님처럼 한 사람 한
사람에게 온 마음을 다하기에 환영받은 것이었다. 예의와 절제를
지키는 모습에 마을사람들은 절로 속마음을 털어놓게 되었고, 그런
부드러운 카리스마를 사람들은 그녀의 제일 큰 매력이라고 꼽았다.

거짓말을 잘하는 사람은
변명도 잘한다

어느 고객이 구입한 상품에 대해 불만을 제기하며 구입한 영수증과 함께 반품을 하러 왔다. 며칠 전에 산 프린터가 작동되지 않는다고 했다. 영수증도 확실하게 있고, 아직도 깨끗하게 포장되어 있는 상태다.

그런데 상자 속의 내용물을 살펴보니 프린터의 핵심이 되는 중요 부품 하나가 보이지 않았다. 정황으로 보아 아무래도 고객이 그 부품만 슬쩍 빼놓은 듯했다. 이때 어떻게 하면 고객이 가져갔음을 밝혀낼 수 있을까?

인간행동학 분야에서 최고 권위자로 정평이 난 심리학자 데이비드 리버만(David Lieberman) 박사는 이런 상황에 처했을 때 고객이 화를 내는지 주목하면 된다고 말한다.

"고객님, 부속품이 하나 발견되지 않습니다만……."

이렇게 말을 꺼냈을 때, 고객으로부터 두 가지 종류의 반응이 나타날 거라고 예상할 수 있다.

A : 나는 전혀 건들지도 않았어요! 처음부터 들어 있지 않았다고요!

B : 뭐라고요? 나를 도둑 취급하는 건가요? 당신들이 부속품이 부족한 상품을 판 거 아니에요? 나는 어떻게든 작동을 시키려고 두 시간이나 개고생을 했는데!

누가 거짓말을 하고 있을까? 고객이 부속품을 훔치지 않았다면, 아마도 B의 반응을 보일 것이라고 리버만 박사는 지적한다. 왜냐하면 화가 나는 게 당연하기 때문이다.

하지만 A는 다르다. 전혀 건들지도 않았는데 처음부터 들어 있지 않다는 것을 어떻게 알았을까? 이처럼 묻지도 않았는데 곧바로 변명을 시작하는 것은 사전에 변명의 말을 미리 생각해두었기 때문이다. 만약 고객이 A와 같은 반응을 할 때는 이렇게 하면 좋다.

"저희도 확인해보겠지만, 고객님께서도 다시 집안을 확인해주시겠습니까? 이대로라면 반품 처리가 어렵습니다."

이렇게 하면 고객은 부품을 가져간 사실을 스스로 인식하고 있기 때문에 대부분 반품 요구를 멈추게 된다. 물론 개중에는 말도 안 되는 주장을 계속하면서 어떻게든 반품을 시도하려는 사람도 있겠지만, 정확한 논리로 부품이 사라질 수 없는 시스템을 설명하면서 강하게 밀고 나가면 거짓말을 한 고객은 꼬리를 내리고 물러날 가능성이 크다.

여기서도 보듯이 거짓말을 하는 사람은 화를 내기보다 변명을 한다. 부부 사이에도 이런 상황이 벌어질 때가 있다. 계속 잔업을 하느라 귀가가 늦어지는 일이 많아진 남편이 있다. 이에 아내가 혹시 바람을 피우는 게 아니냐고 추궁한다.

이런 때 정말로 늦게까지 일을 하는 사람은 당장 그 어떤 우회도 없이 곧바로 분노를 드러낸다. 그러나 진짜 바람을 피우는 사람은 이리저리 구구하게 미리 준비했던 말로 변명을 늘어놓는다. 이런 부분을 잘 파악하면 상대의 거짓말을 충분히 감지할 수 있을 것이다.

> 거짓말을 잘하는 사람은 궁지에 몰리면 미리 준비한 말로 구구하게 변명을 한다. 반대로 사실을 말하는 사람은 그 어떤 우회도 없이 곧바로 분노를 드러낸다.

Point

만만하게 보이지 않는 첫인상

상대의 비밀을 알아내는
가짜 정보들

부하직원이 외근 중에 몰래 낮술을 마시는 것 같다. 한두 번이면 모를까 알코올 중독에라도 걸린 것처럼 거의 매일 술을 마시고 있다. 낮술을 하고 회사로 돌아올 때면 항상 껌을 씹으며 들어온다. 회사는 근무시간의 음주를 금하고 있기 때문에 발각될 경우에 당장 문책 사유가 된다. 그에게 아무렇지 않은 듯 이렇게 말해보자.

"알코올 중독인 사람 중 52%가 식후에 구취 예방을 위해 껌을 씹는 습관이 있다는 기사를 읽은 적이 있어."

이렇게 가짜 정보를 흘려보자. 몰래 낮술을 마시는 습관이 있다면 이후부터는 껌을 씹지 않게 될 가능성이 크다. 왜냐하면 정말로 알코올 중독이 발각되면 큰일이라는 걸 알기 때문이다.

이렇게 가짜 정보로 떠봤는데도 식사 후에 껌을 씹는 습관을 그만두지 않는다면 그 사람은 술을 마시지 않을 확률

이 높다. 술을 마시지 않기에 껌을 씹는 습관을 바꿀 필요를
느끼지 않는 것이다.

　상대방이 숨기고 싶어 하는 것을 알고 싶을 때는 가짜 정
보를 흘려서 반응을 떠보는 게 좋다. 그러면 **뭔가 감추는 게
있는 사람은 과민한 반응을 보인다.**

　원래 가짜 정보는 적당하게 정보를 부풀려서 흘리는 게
원칙인데, 만약 상대방이 거리낄 것이 없다면 "그런 이야기
도 있구나. 나는 들은 적이 없는데……"라고 가볍게 흘려듣
게 된다. 하지만 마음에 뭔가 거리낌이 있는 사람은 "뭐라

고? 그런 정보도 있어?" 하며 과민반응을 보인다. 그런 반응에 주목해서 상대방의 거짓말을 알아낼 수 있다.

가짜 정보는 상대방이 신빙성을 느낄 만한 것이어야 한다. 너무 신빙성이 떨어지는 이야기를 했다가는 떠보기는커녕 거짓말을 하고 있다는 사실을 들키게 되어 도리어 실없는 사람이 될 수도 있다.

가장 효과적인 방법은 이야기에 구체적인 '수치'를 집어 넣는 것이다. 미국 올드도미니언대학 커뮤니케이션학과 제임스 배슬러(James Baesler) 교수에 의하면 **수치가 들어간 이야기일수록 신빙성이 높아진다**고 한다.

수치가 너무 똑 떨어지게 100%나 50%로 말하면 신빙성이 떨어지기 때문에 62%라든가 37% 같은 구체적인 숫자가 좋다고 한다.

A : 불면증에 시달리는 사람의 50%가 고혈압일 확률이 높다.

B : 불면증에 시달리는 사람의 46.5%가 고혈압일 확률이 높다.

위 두 문장 중에 어느 쪽이 사실로 받아들여질까? 대부분 B에 마음이 더 기울어지기 쉽다. 그렇기에 알코올 중독인 사람 중 52%가 식후에 껌을 씹는 경향이 있다는 기사를 읽은 적이 있다고 말해야 더 신뢰감을 끌어낼 수 있는 것이다.

> 신빙성이 높은 가짜 정보를 흘려 상대가 감추고 있는 것을 알아내자. 이때는 구체적인 수치를 들면 더욱 효과적이다.

Point

속내를 털어놓게 만드는
질문 테크닉

"당신은 솔직한 사람입니까?"

이런 질문을 하게 되면 "그렇다"는 대답밖에 돌아오지 않을 것이다. 왜냐하면 우리에게는 자신을 남에게 잘 보이고 싶어 하는 욕구가 있기 때문이다. 따라서 이런 식의 질문은 무의미하다. 상대방이 솔직한지 아닌지를 알고 싶을 때는 어떻게 하면 좋을까? 이럴 때는 보다 일반론적인 질문을 하는 게 좋다. 이렇게 물어보자.

"사람들 대부분이 솔직하다고 생각해?"

이때 상대방이 솔직한 사람이라면 이렇게 대답할 것이다.

"그럼! 세상에는 솔직한 사람들이 훨씬 더 많으니까."

반대로 솔직하지 못한 사람이라면 이런 대답을 내놓을 것이다.

"글쎄, 사람이란 필요할 때는 거짓말을 하기도 하니까, 솔직한 사람이 더 많다고 볼 수는 없지 않을까?"

사람들은 개인적인 질문보다 일반론적인 질문을 받으면 자기도 모르게 마음을 놓게 되는데, 그것은 자신과 관계없는 일이어서 안심하는 것인지도 모른다. 따라서 **상대의 본심을 알고 싶을 때는 범위를 넓혀서 일반론적인 질문을 하는 쪽이 유리하다.**

예를 들면 연인에게 "너, 바람피우지?" 하고 물어봤자 대놓고 그렇다고 대답할 사람은 없을 것이다. 설령 진짜 바람을 피우는 상대의 입장에서도 이때의 거짓말은 악의적인 것이라기보다는 지금의 연인과 관계를 지속하고 싶은 마음이 강하기 때문에 하는 거짓말일 것이다.

그런데 이때 이렇게 물어본다면 어떨까?

"일반적으로 많은 남자(여자)들이 바람을 피우는 편이라고 생각해?"

이런 질문이 상대의 본심을 들춰내기가 훨씬 쉽다. 이런 대화 테크닉은 카운슬러들이 자주 사용하는데, 이를 '투영법(投影法)'이라고 한다. 예를 들어보자.

"당신은 아버지가 싫습니까?"

이렇게 직설적으로 물으면 질문을 받은 사람은 본심을 말할 이유가 없다. 마음속으로는 아버지가 미워 죽겠다고 생각하지만 사실대로 대답할 리가 없는 것이다.

이때 이렇게 물으면 어떨까?

"당신과 같은 20대들은 자신의 아버지에 대해 어떻게 생각할까요?"

이렇게 일반론적으로 물으면, 대부분 자신의 본심을 담아서 대답하기 마련이다.

"20대가 되면 자신의 아버지를 냉정하게 바라보게 되므로, 좋거나 싫은 부분이 생길 수밖에 없다고 생각합니다."

카운슬러는 이러한 문답 과정을 통해 상대방의 마음속에 드리워진 본심을 파악한다.

이런 대화 테크닉은 자신의 기획서에 대해 상사가 마음에 들어 하는지를 확인할 때도 적용이 가능하다.

"어떻습니까? 제 기획안이 마음에 드십니까?"

이렇게 직접적으로 물으면 당연히 상사는 좋은지 싫은지에 대해 딱 잘라 말하기가 부담스러울 것이다. 그것보다 이렇게 물어보자.

"임원들에게 제 기획서가 채택될 수 있을까요?"

다른 사람들이 어떻게 생각할지를 질문하면 상대방은 "이

부분을 조금 바꿔주는 게 채택되기가 쉽지 않을까?" 하고 자신의 생각을 담아서 개선의 방향을 가르쳐줄지도 모른다.

이렇듯이 뭔가 의도하는 질문을 할 때는 단도직입적인 방식보다 부담스럽지 않게 대답해줄 수 있는 우회적인 질문을 하는 게 유리하다.

단도직입적인 질문보다 일반론에 기초하여 우회해서 물으면 상대는 보다 객관적인 입장에서 본심을 털어 놓게 된다.

Point

만만하게 보이지 않는 첫인상

아무 내용 없는 메일로
알아내는 상대의 관심도

헤어진 연인이 나를 다시 만나고 싶어 하는지 어떤지가 신경이 쓰인다면 어떻게 할까? 그럴 때는 **아무것도 쓰지 않은 빈 문자를 보내는 것도 하나의 전략이다.**

만약 상대방이 조금이라도 당신과 다시 만나길 원하거나, 당신으로부터 받은 연락이 싫지 않다면 반드시 답장을 보내 올 것이다.

"아무것도 쓰지 않은 문자를 보냈는데, 무슨 일이야?"

당신에 대해 조금이라도 관심이 남아 있다면 아무것도 쓰지 않고 보낸 문자의 진의가 궁금할 수밖에 없을 것이다. 반면에 상대방으로부터 아무 답장도 없다면 안타깝게도 그가 당신과 다시 만날 가능성은 거의 없다.

왜냐하면 그런 식의 무시 전략은 당신과의 연락을 기다리지도 않았고, 당신이 무엇을 생각하며 보냈는지 관심도 없다는 사실을 드러내기 때문이다.

이런 테크닉은 비즈니스에서 상대방의 반응을 확인할 때 매우 유용한 방법이기도 하다. 거래 관계에서 '내가 먼저 연락하는 것은 좀……' 하고 내키지 않을 때는 꼭 시험해보라.

실제로 나는 일을 하면서 이 전략을 자주 사용한다. 출판업계 사람 중에는 꼼꼼하지 않은 사람들이 아주 많은데, 심지어 이런 경우도 있다.

"우리 회사 기획회의가 목요일에 있으니 선생님 원고를 부장님에게 보고하고 결과를 알려드리겠습니다."

이렇게 말해놓고 연락하지 않는 사람들이 꽤 많다. 나는 다른 일정을 잡아야 하는데 기획회의 결과를 알려주지 않으니 너무 답답하다. 그렇다고 내가 먼저 출판사에 연락을 하자니 재촉하는 것 같아 내키지 않는다.

이럴 경우에 나는 담당자에게 아무것도 쓰지 않은 메일을 보낸다. 단순히 상대방이 연락하는 것을 잊었을 뿐이라면 그 메일을 봤을 때 아차 싶어서 바로 연락을 보낼 것이다. 하지만 나와 관계가 끊어져도 상관없다고 생각하는 경우라면 연락을 하지 않을 것이다.

이렇게 되면 나도 그 사람과의 관계를 털어버릴 수 있으니 그 사람의 명함을 쓰레기통에 버리고 다른 일에 몰두할 수도 있다.

상대방으로부터 연락이 올지 안 올지를 안절부절못하면서 기다린들 좋은 결과가 나올 거라는 보장은 전혀 없다. 그보다는 차라리 **아무것도 쓰지 않은 메일을 보낸 다음에 상대방의 반응을 확인해보는 편이 좋을 것이다.**

아무것도 쓰지 않은 메일을 보내면 실례가 아닐까 생각할 수 있지만 약속을 지키지 않는 상대방이 더 크게 실례를 범하고 있으니 걱정하지 말고 한 번 시도해보기 바란다.

거래처에 일의 진행 상황이나 앞으로의 계획을 확인하고 싶다면 아무것도 쓰지 않은 메일을 보내보자.

Point

시선의 방향으로 알아내는
상대의 성향

뭔가를 생각할 때 우리는 눈을 좌우로 움직이게 되는데, 좌우 중에 어느 쪽을 더 선호하는지에 따라 개인차가 드러난다. 펜실베이니아대학 신경정신과 라켈 구르(Raquel Gur) 교수는 눈을 왼쪽으로 움직이는 습관이 있는 사람과 오른쪽으로 움직이는 습관이 있는 사람에 대해 재미있는 심리 분석을 했다.

그는 일련의 질문을 한 뒤에 30초 이내에 대답을 하게 했다. 그런 다음에 대답을 하는 동안에 70% 이상 왼쪽으로 시선이 향하는 사람과 70% 이상 오른쪽으로 시선이 향하는 사람으로 나누어 보았다.

라켈 구르 교수는 이렇게 물었다.

"당신은 싫은 상황에 놓였을 때 어떤 반응을 합니까?"

이때 대답을 생각하면서 시선을 왼쪽으로 향하는 사람과 오른쪽으로 향하는 사람은 다음과 같은 차이를 보였다.

	왼쪽을 향한다	오른쪽을 향한다
적극적으로 해결	35.67%	46.25%
참는다	41.0%	32.25%

이런 실험의 결과로 알 수 있는 사실은, 생각을 할 때 **오른쪽을 향해서 시선을 돌리고 생각하는 버릇이 있는 사람은 적극성이 뛰어난 편이다.** 이들은 뭔가 불쾌한 일이 생기면 적극적으로 문제를 해결하려고 한다.

반면에 왼쪽을 향해서 시선을 돌리고 생각하는 버릇이 있는 사람은 싫은 일이 생길 때 애써 참아내면서 그 일을 자기 힘으로 극복하려고 라켈 구르 교수가 내린 결론은 이것이었다.

"후자의 사람들은 정신적인 문제를 겪을 우려가 크다."

이것은 어쩌면 당연한 일인지도 모른다. 어떤 문제가 생겼을 때, 마음속에 담아두고 꾹꾹 눌러 참아내기만 하면 당연히 마음에 병이 생길 수밖에 없다.

이렇게도 말할 수 있다. **오른쪽으로 시선을 움직이는 타입은 긍정적으로 문제를 해결하는 데 반해서, 왼쪽으로 시선을 움직이는 타입은 문제에 휘둘리고 회피하는 사람**이라고 볼 수 있다. 후자는 문제에 맞서 당당하게 해결하기보다는 제풀에 포기하는 성향이 강하다고 말할 수 있다.

참고로, 라켈 구르 교수는 피실험자 전원을 오른손잡이들로만 모았다. 따라서 당신이 왼손잡이라면 지금까지 설명한 법칙을 반대로 생각하면 된다. 왜냐하면 오른손잡이와 왼손잡이는 좌뇌와 우뇌의 움직임이 반대이기 때문이다.

이런 실험은 비즈니스 현장에서도 적용이 가능하다. 상대방에게 질문을 건넨 다음에 그의 눈이 좌우 어느 쪽으로 움직이는지를 관찰하면 어떤 문제를 진지하게 해결해나가는 공격적인 타입인지, 아니면 문제에 억눌려서 헉헉대다가 회피하는 타입인지를 한눈에 알 수 있다.

지금까지의 이야기는 가벼운 심리 분석으로, 독자 여러분도 꼭 한 번 실험해보기 바란다.

시선을 좌우 어느 쪽으로 향하는지를 보면 그 사람의 성향과 습관을 알 수 있으니 주의 깊게 관찰해보자.

Point

손동작이
첫인상을 좌우하는 이유

불안감은 마음에 증상이 나타나는 순간 곧바로 외면적인 징후로 드러나게 된다. 다른 감정과는 달리 불안감은 감추기가 매우 어렵기 때문이다.

캐나다 요크대학 신경정신과 연구팀은 정신병원의 환자들 중에 불안증으로 진단받은 남녀의 동작을 비디오로 촬영하고, 반대로 증상이 비교적 가벼운 사람의 동작과 비교해서 불안감의 실체를 파헤칠 실마리를 찾는 연구를 진행했다.

연구팀에 따르면, 불안감의 실체를 파헤칠 실마리는 손에 있었다. 춥지도 않은데 손을 감싸 쥐거나 주먹을 쥐었다가 폈다 하며 조급하게 움직이거나 손톱을 물어뜯거나 의자 손잡이를 꽉 쥐는 등의 손동작은 불안감의 징후를 알아내는 출발점이라는 것이다.

게다가 입술에 침을 묻힌다, 호흡이 가빠진다, 호흡이 불규칙해진다 같은 동작도 불안감을 나타내는 징후라고 하니,

만만하게 보이지 않는 첫인상

손과 입의 움직임을 동시에 관찰하면 꽤 높은 확률로 상대방이 불안해하고 있다는 사실을 파악할 수 있을 것이다.

예를 들어 어느 회사로 거래 상담을 하러 온 사람이 얼굴은 평온한데 자꾸 손톱을 물어뜯는 움직임을 보인다면, 그가 아무리 태연한 표정을 짓고 있더라도 속으로는 불안해하는 증거라고 할 수 있다.

비즈니스 상담 중에 손가락이 미세하게 떨리는 사람도 있다. 이런 경우는 상대방에게 들키고 싶지 않은 거래 조건이 계약서에 포함되어 있는 등 뭔가 감추고 싶은 내용이 있을지 모르니 서류를 세심하게 살펴볼 필요가 있다.

이렇게 말할 수도 있다. 그가 표면적으로는 강한 척해도 손이 불안감을 드러내고 있다면, 내가 원하는 대로 상담을 전개해나갈 수 있다는 점을 기억하자.

반대로 만약 내가 불안감을 느끼고 있는데, 그것을 상대에게 들키고 싶지 않다면 손을 테이블 밑으로 숨기는 게 좋다. 취업 면접을 앞둔 사람이 불안감에 손이 떨리면 일부러 주먹을 꽉 쥐는 경우가 있는데, 이 또한 무의식중에 자신의 불안감을 감추는 것이다.

손은 다른 부위에 비해 불안감이 드러나기 쉬운 부분이다.
게다가 손끝이 떨리면 의식적으로 제어할 수가 없다. 공포를
느낄 때 치아를 딱딱거리며 소리 내는 것처럼 자동반사적으
로 생기는 신체 반응은 좀처럼 통제할 수 없는 것이다.

이럴 때는 몇 차례 심호흡을 크게 해서 마음을 안정시키
는 것이 우선이다. 일부러 손은 크게 펴거나 주먹을 꽉 쥐는
운동을 통해 불안감을 떨치도록 하자. 그렇게 해도 불안감이
멈추기는커녕 점점 커진다면 적당한 핑계를 대어 미팅 시간
을 뒤로 미루든지 다른 대책을 강구하는 게 좋을 것이다.

손의 움직임에 주목하면 상대의 불안감을 감지할 수
있다. 반대로 내가 느끼는 불안감을 들키고 싶지 않다
면 잘 보이지 않는 곳에 손을 감추는 게 좋다.

Point

만만하게 보이지 않는 첫인상

왜 대화 중에
몸을 전혀 움직이지 않을까?

'면목이 없다'는 감정은 어떤 사람이 다른 사람에게 부끄러워서 대할 낯이 없다는 뜻이다. 이런 감정이 생길 때 사람들은 무슨 동작을 하게 될까?

이탈리아 볼로냐대학 심리학 연구팀은 일면식이 전혀 없는 남녀 2인 그룹과 한 명으로 이루어진 1인 그룹으로 나눈 뒤에 야한 내용의 동영상을 보여주었다.

모르는 사람과 야한 영상을 보는 상황은 서로가 부끄럽고 면목이 없는 일이다. 연구팀은 피실험자들이 이때 어떤 행동을 보이는지 비디오로 몰래 찍었는데, 가장 크게 변화가 일어난 것은 바로 손의 움직임이었다.

혼자 있는 그룹에서는 야한 영상을 볼 때 59%의 사람들이 손을 움직였지만, 이성과 둘이서 그 영상을 볼 때는 두 손을 겹친 채로 꼼짝도 하지 않거나 의자를 꽉 붙잡고 있는 등 80%가 손을 움직이지 않았다.

이로써 우리는 **면목이 없다는 생각이 들면 몸을 움직이지
않는 반응을 보인다는 사실을 알 수 있다.** 연구팀은 면목이 없
는 상황이 되면 손을 움직이지 않는 것은 물론이고 입술을
꽉 깨무는 동작도 자주 관찰된다고 보고한다.

그뿐만 아니라 이런 경우엔 시선도 한곳으로 응시할 뿐 두
리번거리는 동작을 하지 않게 된다고 한다. 다시 말해서 이런
상황이 되면 대부분의 사람들은 얼음 조각상처럼 굳어버린
다는 것이다.

결혼식에서 신랑 신부를 소개할 때 사회자는 최고의 표현
을 동원해서 그들을 칭찬한다. 사실은 학교 다닐 때 그리 좋
지 않은 성적이었다고 해도 이렇게 소개하는 게 보통이다.

"신랑 K군은 고등학교를 우수한 성적으로 졸업하고, 대학
교도 최고 성적으로 합격하는 등 줄곧 뛰어난……."

이때의 신랑 신부를 관찰해보면 무척 재미있다. 두 사람
다 면목이 없다는 듯이 양손을 꽉 쥔 채 꼼짝도 하지 않는다.
계속 뻣뻣하게 고개를 숙인 채 시선을 아래로 향하고 있는
그의 마음은 엄청난 부끄러움으로 가득 차 있을 것이다.

사회생활을 하다 보면 의외로 이런 부류의 사람들이 많

다는 걸 알게 된다. 가령 회사에서 프레젠테이션을 하는 부장이 부하가 밤새워 해놓은 보고서를 마치 자신이 다했다는 듯이 발표를 하고, 사장님으로부터 칭찬을 받아도 당연한 표정을 짓는 경우가 그렇다.

　면목이 없다는 감정은 부끄러움의 표현이기 때문에 상대방이 그런 생각을 하고 있는 것처럼 보이면 더 이상 괴롭히지 말고 말을 끊는 게 좋다. 주제를 빨리 바꿔 상대방이 더 이상 무안하거나 민망해하지 않도록 배려하라는 것이다.
　덧붙이자면, 애초 성격적으로 부끄러움을 많이 타는 사람도 말하고 있는 동안에 별로 손을 움직이지 않는 경향이 있다. 따라서 대화중에 손의 움직임이 많아진다면 그가 원래 그런 사람인지 아닌지도 파악할 수 있다.

> 대화를 할 때 상대방이 전혀 움직이지 않으면 어색하다는 징후로 주제를 빨리 바꾸는 등 배려가 필요하다.

Point

상대방의 속내를 드러내게 만드는
최고의 타이밍

우리는 긴장해서 신경을 곤두세우고 있을 때는 말을 신중하게 골라서 한다. 반면에 자기도 모르게 본심을 내뱉게 되는 경우는 방심했을 때라고 볼 수 있다.

그렇기 때문에 **상대방이 신경을 곤두세우고 있을 때는 그의 본심을 알아내기가 어렵다.** 달리 말하자면, 본심을 알아내려면 상대를 방심하게 해야 한다는 말이다. 예를 들어 어떤 문제로 옥신각신하는 중인 회의장에서 참가자들이 어떤 의견을 가지고 있는지를 알고 싶다면 어떻게 하면 좋을까?

이런 경우에 "A씨는 어떻게 생각하십니까?" 또는 "B씨는 이 안건에 찬성하십니까?"와 같이 물어보면 대개는 다른 사람들의 반응이 신경 쓰여서 본심을 드러내지 않는다.

사장을 비롯한 간부들이 함께하는 회의라면 더욱 그들의 눈치를 보지 않으면 안 되기에 이런 때는 아무리 자유롭게 발언하라고 권해도 굳게 다문 입이 열릴 리가 없다.

어떻게 하면 참가자들의 본심을 털어놓게 할 수 있을까? 결론부터 말하자면 회의 중에는 절대로 알아낼 수 없다. 회의장 분위기에 압도되어 모두 신경을 곤두세우고 있기 때문이다.

'회의가 끝난 뒤'가 정답이다. 아니면 '회의 중간의 휴식 중'일 때도 좋다. 이런 때에는 사람들이 긴장의 끈을 풀고 방심하기 때문에 자연스럽게 속에 품었던 말을 내뱉곤 한다.

따라서 본심을 알아내고 싶은 사람이 화장실에 가거나 휴게실로 가서 음료수를 마시고 있을 때를 노려서 이렇게 말을 건네보자.

"의견을 맞추는 게 정말 힘드네요. 그런데 A씨는 어떻게 생각하십니까?"

이렇게 가볍게 질문을 던지면 대개는 이런 대답을 한다.

"이론적으로는 괜찮은데, 현실적으로 이 계획을 진행하기가 어렵지 않을까요?"

그 다음은 일사천리다. 그렇게 생각하는 이유를 물으면 간단하게라도 답을 내놓을 것이기 때문이다.

경험 많은 기자들은 유명인사들에게 한 마디라도 정보를

얻고 싶을 때 이런 전략을 쓴다. 가령 유명 연예인은 기자들이 잔뜩 모여 있는 회견장에서는 촉각을 곤두세우고 있기 때문에 신중하게 어휘를 선택해서 말을 한다. 그렇기 때문에 재미없는 말들만 쏟아낼 뿐 관심을 끌만한 내용은 절대 알려주지 않는다.

하지만 회견이 끝난 상황에서 개인적인 입장으로 돌아온 뒤에 질문을 던지면 말실수를 하는 경우가 적지 않다. 다시 말하지만 상대방은 신경을 곤두세우고 있을 때는 절대로 본심을 털어놓지 않는다.

경솔한 사람이라면 자신의 기분을 솔직하게 표현할 수도 있겠지만, 자신이 불리해질 것을 뻔히 알면서 그 정도로 경솔하게 술술 털어놓는 사람은 현실에 그다지 많지 않다. 그러니 알고 싶은 것이 있다면 상대방이 방심할 때 물어라. 이 원리는 살면서 활용 범위가 굉장히 넓으니 꼭 기억해두기 바란다.

> 사람들이 많아 모인 장소에서는 긴장감 때문에 마음의 문을 단단히 닫아거는 경우가 많다. 본심을 알고 싶다면 혼자 있을 때 방심하는 순간을 노려라.

Point

만만하게 보이지 않는 첫인상

까다로운 상대의
입을 열게 하려면

앞서 상대방의 본심을 알고 싶다면 방심했을 때가 최고라고 했는데, 더욱 좋은 것은 술이 들어간 상태다. 술이 들어가면 누구나 입이 가벼워지고 냉정했던 판단력도 둔해진다.

부하직원이 무슨 고민을 하고 있는 듯한 기색을 비추면 눈치 빠른 상사는 어떤 이유를 대서라도 술자리를 만들 것이다. 아무래도 근무시간 중에는 업무에 집중하면서 신경을 곤두세우고 있는 상태이기 때문에 좀처럼 입을 열지 않는 게 보통이다.

게다가 낮말은 새가 듣고 밤말은 쥐가 듣는다는 말처럼, 회사 안에서는 아무리 조심을 해도 다른 직원들이 듣게 될 가능성이 있다. 그런 상황이기에 자신의 솔직한 기분을 털어놓을 사람은 별로 없을 것이다.

하지만 근무시간이 끝나고 동료들이 옆에 없는 상황이라면 마음의 방어막을 내려놓고 경계 태세를 풀기가 쉽다. 그렇기에 술자리를 권하는 것은 상대방의 본심을 알기 위해 제시할 수 있는 최적의 조건이라고 할 수 있다.

술을 마시면 즉각적으로 영향을 받는 것이 뇌의 표층에 있는 '대뇌피질'이다. 대뇌피질은 지각이나 사고, 기억을 담당하는 기관으로 술을 마시면 이 부분이 일시적으로 마비되기 때문에 누구나 정상적인 판단을 하기가 어렵게 된다.

굳이 과학적인 근거를 댈 필요도 없이 우리는 주량에 따라 조금씩 다르기는 해도 **술에 취하면 마음속에 응어리진 것들을 술술 털어놓곤 한다.** 비즈니스 상담이나 협상, 직원들 간의 소통에서 술이 자주 등장할 수밖에 없는 이유다.

미국 워털루대학의 맥도널드(MacDonald G.) 교수는 150명의 남성들에게 알코올 성분이 다량으로 함유된 탄산수를 마시게 하고, 20분이 경과한 뒤 딱 취기가 오른 상태가 되었을 때 연인과 싸움을 했던 경험에 대해서 물어보았다.

그러자 술에 취한 남자들 대부분이 연인과의 싸움이라는 개인적인 이야기를 거리낌 없이 늘어놓았다. 반면에 알코올 성분이 들어 있지 않은 탄산수를 마신 150명은 하고 싶지 않은 말은 끝까지 하지 않았다. 술에 취하면 입이 가벼워진

다는 것이 실제 연구로도 확인된 셈이다.

따라서 '이 사람이 대체 무엇을 생각하고 있는지 잘 모르겠다'고 여겨질 때는 함께 술을 마셔보면 된다. 그러면 상대의 본심을 밝혀내는 것은 시간문제다.

거래처나 고객을 접대하면서 함께 술을 마시는 것도 그 사람으로부터 '당신 회사는 이러저러한 것들을 개선하는 게 좋지 않겠는가?' 하는 본심을 듣기 위한 목적이라고 할 수

있다. 술에 취하지 않은 상태에서는 절대로 말해주지 않을
귀한 어드바이스를 술에 취한 자리에서는 해주는 일이 꽤
많다. 이쯤되면 한 가지 걱정이 앞서는데 이것만은 항상 염
두에 두고 술을 마시자.

자신이 먼저 취하면 낭패다!

Point

비즈니스 상담이나 협상, 직원들 간의 소통에서 함께
술을 마시면 의외로 원만하게 해결되는 경우가 많다.

만만하게 보이지 않는 첫인상

단 음식을 좋아하면
붙임성이 좋다는 과학적인 근거

나는 초콜릿이나 사탕 같이 단맛이 나는 음식을 좋아한다. 흔히 단것을 좋아하는 사람들은 쉽게 피로감을 느낀다고 하지만, 나처럼 단것을 좋아하는 사람은 붙임성이 좋고 어울리기 쉬운 사람들이 많다는 사실은 의외로 알려져 있지 않은 듯하다.

미국 게티스버그대학의 브라이언 마이어(Brian Meier) 교수는 꿀이나 초콜릿 같은 단 음식, 후추 같은 조미료를 많이 넣은 매운 음식, 자몽이나 레몬 같은 신 음식, 이렇게 선호하는 맛들을 기준으로 그룹을 나누어 그 사람들의 성격과의 상관관계를 알아보았다.

그 결과, 단것을 좋아하는 사람일수록 붙임성이 좋은 성향이 명확하게 보였다고 한다. 따라서 직장에서 단것을 유달리 좋아하는 사람을 발견하면 그는 붙임성이 매우 좋은 사람이라고 봐도 무방하다.

그런 사람한테는 가볍게 말을 걸어도 괜찮고, 뭔가 곤란한 문제가 생겼을 때는 고민을 이야기해도 흔쾌히 들어줄 것이다. 그만큼 마음이 열려 있다는 뜻이다.

술자리에서 일반적인 사람들은 닭꼬치나 튀김 같은 기름진 것을 주문하는데, 느닷없이 아이스크림 같은 디저트 종류를 주문하는 사람들이 가끔 있다.

그럴 때는 분위기를 깨는 사람이라고 생각하지 말고 그 사람이 매우 기분 좋게 동료들을 대하는 붙임성 있는 성격이라고 생각하기 바란다. 틀림없이 밝은 표정으로 반응할 것이다.

덧붙여서 브라이언 마이어 교수의 조사에 의하면 매운 음식을 좋아하는 사람은 말하는 것을 좋아하고, 쓴 음식을 좋아하는 사람은 다소 신경질적이라는 결과가 나왔다고 한다. 그는 이렇게 설명한다.

"신경질적이고 세심한 부분을 신경 쓰는 사람은 내장같이 씁쓸한 맛이 나는 음식을 좋아하는 경향이 있다."

당신이 만약 그런 편이라면 다른 사람들 앞에서는 쓴 음식을 먹지 않는 편이 좋을지 모른다. 그런 음식을 좋아하면, '이 사람, 취향이 꽤 특이한데?' 하는 인상을 줄 법하다.

조금 이야기에서 벗어날지도 모르겠지만, 단것을 먹으면 행복한 기분이 든다고들 하는데 과자 같은 것을 가방에 넣고 다니면서 동료들과 나눠 먹는 사람이 있다면 그런 사람과는 금세 사이가 좋아질 수 있을 것이다.

실제로 브라이언 마이어 교수는 과자나 사탕 같은 단것을 나눠 먹는 행위는 인간관계를 좋게 하는 데 매우 효과적인 테크닉이라고 말한다. 생각해보라. 회의장이나 상담실에 단것을 비치하는 이유가 뭔지 알 것 같지 않은가. 사람의 마음을 한순간에 열게 하는 마법은 그리 멀지 않은 곳에 있다.

3

주위사람들의
마음을
사로잡고 싶다면

어떻게 하면 더
믿음직해 보이는 걸까?

번번이 소개팅에 실패하는
30대 커리어우먼

아이리 오야마는 올해 들어 12번째 소개팅을 실패하고 돌아오면서
마음이 찢어지는 듯이 아팠다. 그녀의 나이는 34세, 사회에서
말하는 결혼 적령기를 조금 넘겼지만 그렇다고 늦은 나이는
아니다.
무역회사 경리팀에서 일하는 그녀는 10년차 베테랑 사원으로,
연예인 같이 뛰어난 미인은 아니지만 차분하고 조용한 성격으로
동료들과 별다른 갈등 없이 잘 지내는 편이었다.

매사에 조심스럽고 무탈하게 직장생활을 하는 그녀는 그만하면
성공한 커리어우먼이라 불려도 부족함이 없었고, 그녀도 그런
자부심이 있었다. 그런데 왜 매번 남자들에게 차이는 것일까?
이제 슬슬 자신의 삶에 자신감이 없어지고 걱정만 늘어난 그녀는
얼마 전 너무 답답한 마음에 심리상담소를 찾은 적이 있었다.
말이 심리상담이지 그건 연애상담이나 다름없었다.

카운슬러는 그녀와 이런저런 대화를 하고 난 후, 솔직하게
말하겠다는 전제 후에 이런 말을 했다.
"많은 점에서 무난하고 장점도 있지만, 그럼에도 불구하고
남자들이 싫어할 부분이 많이 보이네요."
"그게 무슨 뜻인가요?"

그녀는 이해할 수 없다는 눈으로 카운슬러를 한참 동안
바라보았다.
"말을 할 때 상대방을 바라보지 않고 시선을 피하는 습관이 있군요.
그건 상대방에게 자신감이 없어 보이는 겁쟁이 같은 모습으로,
진중한 대화를 원하는 상대라면 그런 태도를 결코 좋아하지
않습니다. 그리고 말을 할 때 너무 낮은 목소리로 변명하듯이
구구하게 표현을 해서 가지고 있는 매력이 오히려 반감되어
보이네요."

평소에 침착한 성격인 것은 인정하지만 그게 단점이라니, 납득할
수 없다는 표정을 짓고 있는 그녀를 향해 카운슬러가 이런 말을
덧붙였다.
"상대는 아이리 씨가 성공한 커리어우먼으로서 무척 당당하고
활기찬 여성이라고 생각하고 그 자리에 나왔을 텐데 의외의 소심한
모습을 보며 마음속으로 실망할 수 있습니다. '뭐지?' 하는 느낌이
강했을 겁니다."
한 마디로 첫인상이 나약하고 만만하게 보여 실망했다는 뜻인데,
알 것도 같고 모를 것도 같은 그의 말에 그녀의 고민은 더욱
깊어져갔다.

학생들은 그를 좋아하면서도 두려워했다

고등학교 체육교사 마츠타 쇼타는 얼마 전 서른세 번째 생일을 보냈다. 학생들이 열어준 생일파티는 제법 화려해서 100명이 넘는 아이들이 찾아와 자리를 빛내주었다.

이 학교에 부임한 지 4년째인데, 벌써 세 번째 이런 파티를 열어주고 있어 감사하고도 미안하다. 동료교사들은 시기심 반, 부러움 반의 눈으로 이런 광경을 지켜보며 그가 이렇게 학생들의 존경을 받는 이유를 알기에 수긍의 박수를 쳤다.

학생들은 그를 좋아했다. 학교엔 전문 상담교사가 따로 있는데도 고민이 있으면 그를 찾아와 의논했다. 성적 문제, 이성교제나 집안의 문제, 친구들과의 갈등 등 학생들의 고민은 다양했다. 그는 학생들이 털어놓는 어떤 고민이라도 성심껏 귀담아듣고 나름의 의견을 전했다.

그의 생각이 비록 확실한 해결책은 아닐지라도 인생 선배 입장에서 답을 주면 학생들은 안도의 한숨을 쉬며 돌아갈 때가 많았다. 하지만 그는 뭔가 잘못하는 학생이 있으면 눈물이 쏙 빠지도록 꾸짖으며 냉정하게 책임을 물었다. 그렇기에 학생들은 그를 좋아하면서도 두려워했다.

학생들은 그를 무엇에든 열심인 사람으로 인식했다. 그는 결핍이

있는 아이들을 위해 적극적으로 손을 쓰는 교사였다. 몸이
약하거나 열등생이거나 문제아이거나, 아무튼 공부하고 담을 쌓은
아이들에게 다가가 어떻게든 바른 길로 인도하려고 애를 썼다.
그것만이 아니었다. 그는 가령 학교 건물에 문제가 생기면 누구를
부를 것도 없이 팔을 걷어붙이고 나서서 뚝딱 고쳐냈고, 동료교사
중에 무슨 문제가 생기면 동분서주하면서 어떻게든 해결책을
찾아내 도와주려 노력했다.

그의 장점은 그런 삶이 전혀 가식적인 게 아니라는 점이었다.
다시 말해서 그의 생각과 행동 하나하나는 그냥 마음 밑바닥에서
우러나오는 자연스러운 것이라는 얘기다.
아이들이 좋아하는 건 바로 이런 점이었다. 솔직하면서도 당당한
모습 말이다. 학교에는 호랑이 선생님으로 불리는 교사도 있고
매사에 까다롭고 신경질적인 교사들도 있지만, 그들 중엔 학생들이
만만하게 보는 교사들도 적지 않았다. 그런 점에서 마츠다 쇼타는
뭔가 다른 특별한 교사이다.

성장할 수 있는 사람은
누구일까?

나는 어느 업종이든 성장할 수 있는 사람과 절대 성장할 수 없는 사람을 높은 확률로 구분할 수 있다. 방법은 이렇다.

"일이 제대로 안 풀릴 때 후회와 반성의 반응을 보이는 사람은 반드시 성장한다. 하지만 조금도 후회하지 않고 반성도 없는 사람은 성장할 수 없다."

주위사람들이 일에서 실패했을 때의 반응을 관찰해보라.

"젠장, 다음에는 꼭 잘하고 말 거야!"

이렇게 말하며 발을 동동거리면서 실패 이유를 파악하고 반성한다면 그는 성장할 사람이다.

반면에 이렇게 말하는 사람도 의외로 많다.

"어쩔 수 없지. 실패할 수도 있어, 사람이니까!"

이 사람은 분명히 성장할 수 없는 사람이다. 왜 후회하는 사람일수록 성장할 가능성이 높을까? 그들은 매사에 열정이 넘치고 지는 것을 싫어하기 때문이다. 그런 사람일수록 경쟁

의식이 높아서 성공하기도 쉬운 법이다. 이를 '호승심(好勝心)'이라고 한다. 반드시 이기려는 마음이라는 뜻이다.

캘리포니아대학 심리학과 클라이버 웬디(Kliewer Wendy) 교수에 따르면 경쟁에서 지고 난 후에 후회하는 학생일수록 학업 성적이 좋다고 한다. 후회를 교훈삼아 그것을 성공하고자 하는 마음으로 전환시켜 필사적으로 노력하기 때문에 성적이 올라갈 확률이 더 높다는 것이다.

하지만 나쁜 점수를 받아도 신경은커녕 천하태평인 학생은 그 후에도 계속 나쁜 점수를 받는다고 한다. 실패해도 후회하지 않는 사람은 더 노력하자는 마음이 생기지 않는다. 무엇보다 스스로 전혀 아무 생각도 하지 않으니 반성할 일도 없고, 개선하려는 마음조차 들지 않는 것이다.

결국 **후회는 현재보다 나아지려는 향상심의 표현이라고 할 수 있다.** 자신의 실력이 이럴 리가 없다고 부정하기에 후회하는 것이고, 자신의 실패를 인정할 수가 없기 때문에 후회하는 것이다.

반면에 처음부터 포기하는 사람, 자기 실력에 마음을 접은 사람일수록 후회하지 않는다. 그들은 '나는 원래 그런 사람'

이라고 마음으로 결정해버렸기 때문에 아무 행동도 취하지 않는 것이다.

　그런 측면에서 성적이 조금 낮더라도 '나는 가능성이 있는 사람'이라고 생각할 경우, 실패하면 후회하고 반성하고 나아가 자신이 거둔 보잘것없는 성과에 분노하며 힘껏 다시 일어날 것이다.

　이처럼 어떤 일에 도전했다가 후회하는지 아닌지는 그 사람이 자신을 어떻게 평가하고 있는지에 대한 바로미터다. 자신에게 높은 가치가 있다고 여기는 사람일수록 후회를 많이 한다는 사실을 잊지 말자.

실패를 후회하는 사람일수록 가능성이 있다. 후회와 반성은 그 사람이 자신을 어떻게 평가하고 있는지에 대한 바로미터이기 때문이다.

Point

상대가 마음을 털어놓기 쉬운
최고의 타이밍

가만히 서 있는 자세는 사람을 긴장하게 만드는 자세다. 그 래서 서서 대화를 하게 되면 상대방이 무심코 본심을 내뱉 게 되지 않을까 하고 생각할지 모르지만 실제로는 그렇지 않다.

편안하게 소파에 앉는 쪽이 마음이 풀어지게 하기 때문에 말을 많이 하게 만든다. 예를 들어 기자가 정치인에게 걸어 가면서 문제의 본론으로 들어가 급하게 질문하면, 정치인은 그저 교과서적인 대답밖에 해주지 않을 것이다.

하지만 의자에 마주 앉아서 대화하는 형식으로 얘기가 진 행되면 정치인은 무심결에 마음을 놓으며 입이 가벼워져 본 심을 내뱉는 경우가 많다. 서 있는 상태에서는 그저 표면적 인 대답밖에 해주지 않지만, 앉아 있는 자세가 되면 "이 자 리에서 솔직히 말씀드리겠습니다만……" 하면서 자기도 모 르게 본심을 내뱉게 되는 일이 적지 않다.

미국의 빌 클린턴 전 대통령은 대통령에 취임하고 나서 최초 2년 동안은 기자회견의 대다수를 대통령 집무실의 의자에 앉아 진행했다.

하지만 어느 시기부터 집무실 밖의 회견장에서 서 있는 채로 진행했다. 왜 그랬을까? 대통령이 서 있는 상태가 되면 말에 주의를 기울이지만, 앉아서 말을 하면 입이 가벼워진다는 사실을 백악관 참모들이 알아차렸기 때문이었다.

"사람은 앉아 있는 상태에서는 마음이 풀어지고, 서 있는 상태에서는 긴장을 한다."

이는 심리학계에 널리 알려진 상식으로, 이를 바탕으로 설명하자면 상대로 하여금 이야기를 편하게 하도록 만들고 싶을 때는 의자에 앉히는 편이 좋다는 뜻이다.

덧붙이자면, 의자에 앉는 것보다 더 효과적인 방법은 몸을 거의 드러눕게 하는 편이 상대의 마음을 열게 만들어 마음속에 있는 말을 술술 털어놓게 한다.

정신분석학의 창시자인 지그문트 프로이드는 상담을 할 때 상대방을 소파에 눕히고 대화를 나눴다고 한다. 그러면 자유롭게 속내를 털어놓을 수 있는 환경이 조성되기 때문이었다.

만만하게 보이지 않는 첫인상

하지만 상대방을 눕게 만들기는 무척 어렵다. 더구나 처음 만나는 사이인데 다짜고짜 누워서 이야기하자고 하면 이는 보통 실례가 아니고, 잘못하다가는 뺨을 맞을 수도 있는 일이다. 따라서 현실적으로는 소파에 편히 앉히는 수밖에 없다.

의학에서는 '허리를 편안하게 만든다'는 말이 있는데, 이는 '일을 하면서 침착하게 임하는 자세'를 뜻하는 관용적인 표현이지만 자세를 편하게 취하는 것이 그 사람을 편안하고 침착하게 만들어 마음을 드러내기 쉽게 한다고 해석할 수 있겠다.

> 사람은 편안한 자세를 취할 때 마음을 드러내기 쉽다. 따라서 마주 앉아 대화를 나누면 보다 쉽게 마음을 열게 된다.

Point

첫인상을 망치는
사소한 동작들

사람을 만날 때는 팔이나, 다리 그 어느 하나라도 꼬지 않는 편이 좋다. '팔짱'이나 '꼰 다리'는 보고 있는 것만으로도 상대를 불쾌하게 만들 수 있기 때문이다. 팔짱을 하거나 다리를 꼬는 자세는 상대방에게 다음과 같은 메시지를 전달할 수 있다.

'나는 당신의 의견을 받아들이지 않겠다.'

'나는 당신과 어울리고 싶지 않다.'

'나는 지금 당신과 이 자리에 함께 있고 싶지 않다.'

스스로는 그런 식으로 생각하지 않고 한 행동이라 할지라도 상대방은 부정적으로 받아들이기가 쉽다.

미국 인디애나대학 심리학과의 스미스 해넌(Smith-Hanen, S. S.) 교수는 팔짱을 낀 사람과 팔짱을 끼지 않은 사람의 행동을 담은 영상을 준비한 뒤 40명의 대학생들에게 보여주었다. 그러자 팔짱을 낀 사람을 본 학생들은 '차가운 사람으로 보인다', '다른 사람에게 배려가 없어 보인다' 등 부정적인 평가를 잇달아 내렸다. 그에 따르면 발을 꼰 채 앉아 있는 경우에도 거의 비슷한 결과를 보였다고 한다.

가끔 TV에 어떤 현안문제를 놓고 전문가들이 나와 토론을 벌일 때가 있는데 그들의 표정이나 말투, 제스처를 보면 아주 재미있다. 저마다 자신의 주장을 펴려고 최선을 다해 말하는데, 이따금 다리를 꼬고 앉았거나 상대의 말을 들으며 팔짱을 끼고 있는 사람도 있고, 그것도 모자라 상대의 말에 빈정거리듯이 미묘한 미소까지 머금고 있는 사람도 있다.

그럴 때 시청자들은 그런 사람에게 호감을 느끼지 못한다. 상대에 대한 배려가 부족할 뿐더러 자기 의견만 옳다는 아집과 오만이 보이기 때문이다. 반면에 진지하면서도 온화한 표정으로 다소곳이 상대의 말에 귀를 기울이는 사람에게는 왠지 호감이 간다.

나는 평소에 팔짱을 끼지 않도록 주의한다. 나 자신도 모르는 사이에 팔짱을 끼는 버릇이 있음을 알아차린 후부터다. 이것은 상대에게 부정적인 인상을 남길 수 있는 나쁜 버릇 중 하나이기에 이런 버릇이 있는 사람은 신경을 써서 고치

는 편이 좋다.

대신 팔은 여유롭게 벌리듯 내버려 두는 행동을 취하는 게 좋다. 종교가나 카운슬러의 경우 팔을 가만히 벌린 채 신자나 상담자의 이야기를 듣는데, 이 자세에는 **'당신의 이야기를 듣고 있습니다'라는 사인이 내재되어 있기 때문이다.**

부하직원이 말하고 있을 때, 팔짱을 낀 채 이야기를 듣는 상사가 있다. 상사는 어떠한 의도가 있어서 그렇게 팔짱을 끼고 있는 것은 아니겠지만, 말하고 있는 부하직원의 입장에서는 매우 거북한 마음이 들 수밖에 없다. '자네의 의견은 받

만만하게 보이지 않는 첫인상

아들이지 않겠다'고 하는 은근한 압박을 느낄 수도 있기 때문이다.

당신이 만약 어느 조직의 상사라면 무의식적으로 그런 행동을 하지 않도록 조심하기 바란다. 설령 그렇게 생각하고 있지 않더라도 상대는 전혀 다르게 받아들일 수 있다는 점을 항상 염두에 두자.

사람들과 만날 때는 팔짱을 끼거나 다리를 꼰 채 앉지 말자. 상대방에게 불쾌한 감정이 들게 만들 수 있으니 주의해야 한다.

Point

첫인상이 좋은 사람의
특별한 습관

누군가 떨어뜨린 물건을 주워줄 때 그대로 주워서 건네지 말고 마치 더러워지기 전에 재빠르게 줍는 듯한 동작을 취해보자. 물론 바닥에 서류를 떨어뜨린 사람에게 그대로 주워 건네도 그는 나름 기뻐할 것이다. 그 행동 자체가 도움을 준 것이니 말이다.

그런데 그때 손으로 서류에 묻은 먼지를 털어서 건네는 동작을 보태면 상대방은 더 기뻐할 것이다. 그런 사소한 동작 하나에서 당신의 친절과 배려를 느낄 수 있기 때문이다.

나는 길거리에서 어떤 물건을 떨어뜨린 사람을 도와줄 경우에는 손으로 물건의 겉면을 살짝 닦아낸 후에 그에게 건넨다. 의식적으로 내 손으로 직접 더러움을 닦아주었다는 점을 어필하는 것이다.

그러면 대부분의 사람들은 무척 감격해 한다. 보통 우리는 모르는 이를 도와줄 때 그렇게까지 하지는 않기 때문에 이

　만만하게 보이지 않는 첫인상

런 행동은 굉장히 돋보이게 된다. 배려, 친절, 정성 같은 긍정적인 태도가 그 한 동작에 다 포함되기 때문에 상대는 호감을 느끼게 된다.

여기서 포인트는 동작을 크게 하는 것이다. 같은 행동을 하더라도 **동작을 크게 하는 편이 당신에 대한 상대의 호감도를 높이기 마련이다.**

직장에서 옆자리에 앉은 동료가 볼펜을 떨어뜨렸을 때, 즉시 집어 들고는 손으로 살짝 털어낸 다음에 돌려주면 상대가 당신에게 호감을 가지게 될 것은 의심할 여지가 없다.

또 하나 물건을 건넬 때 명심해야 할 것이 있다. 사람들에게 물건을 건넬 때는 그저 말없이 전하는 게 아니라 우선 자신의 가슴팍 쪽으로 살짝 갖다 대는 듯한 동작을 취한 뒤에 건네자. 이 동작을 추가하면, **상대방에게 당신의 물건을 소중히 취급하고 있다는 마음을 전달할 수 있다.**

백화점에서 판매사원의 행동을 보면 물품을 건넬 때 가슴 쪽으로 살짝 갖다 댄 다음에 건넨다. 그렇게 한 템포 여유를 둠으로써 사원의 동작은 무척 프로페셔널해 보이고, 고객은 자신이 대접받는다는 느낌에 기분이 좋아진다.

예전에 국왕에게 물건을 헌상할 때는 머리 위까지 물건을 높이 올렸다가 건넸다고 한다. 일반적으로 건네는 물건을 높은 위치까지 들어 올리면 상대방에 대한 존경심을 드러낸다고 할 수 있는데, 반대로 낮은 위치로 가져가면 상대방을 경시하는 듯한 부정적인 인상을 준다고 할 수 있다.

일상생활에서 그렇게까지 하는 것은 지나친 행동일지 모르지만, 적어도 가슴 높이 정도까지는 무방하다고 생각한다. 고객에게 차를 건넬 때도 곧바로 앞에 갖다놓는 게 아니라 우선 들어 올린 차를 자신의 몸쪽으로 조금 가깝게 가져가는 듯한 동작을 한 다음에 상대에게 주면 왠지 마음을 담았다는 느낌을 줄 수 있다. 주위사람들의 호감을 얻는 이들은 의식적으로 이런 동작을 하고 있으니 당신도 시도해보기 바란다.

> 고객에게 건네는 물건을 자신의 몸쪽으로 조금 가깝게 가져가는 듯한 동작을 취하고 건네면 정성을 담았다는 느낌을 주게 된다.

Point

만만하게 보이지 않는 첫인상

그 사람은 왜
전달력이 뛰어날까?

미국의 대통령 선거 때 토론회를 보면 대선 후보자들이 매우 활발하게 손을 사용한다는 사실을 알 수 있다. 말을 잘하는 사람은 결코 입으로만 의사를 전달하지 않는다. 한 마디로 말해서 그들은 보디랭귀지를, 특히 손을 제대로 사용할 줄 안다.

미국이나 유럽의 정치인들은 적절한 때, 적절한 방법으로 손을 사용해서 청중들의 눈길을 끄는 모습을 자주 보여준다. 나치 독일의 히틀러는 이를 가장 잘 활용한 정치인으로 탁월한 언변에 화려한 제스처를 통해 군중들을 압도했다.

연설을 할 때 손을 적극적으로 사용하면서 이야기를 하게 되면 전달력이 더욱 강화된다. 이런 식의 손 움직임을 '비주얼 핸드(visual hand)'라고 부른다. 말 그대로 손이 시각적인 효과를 일으키는 것을 뜻한다.

말을 할 때 '따뜻한 사람이구나'라든지 '기분 좋게 만드는

사람이구나'라고 느끼게 하는 사람들은 모두 손을 멋지게 사용한다. 왕성하게 손을 움직이면서 자신의 말을 전달하는 것이다.

　미네소타대학 심리학 연구팀은 카운슬러가 환자와 상담하는 상황을 비디오로 녹화했다. 이때 카운슬러 역할을 맡은 모델은 말을 할 때 손을 움직이지 않는다는 조건과 손을 움직인다는 조건의 두 가지 경우로 연기했다.

　영상을 본 사람들의 평가는 손을 움직이는 것만으로도 사교적이다, 따뜻한 느낌이다, 붙임성이 좋다는 등의 긍정적인 반응을 부였다. 반대로 손을 움직이지 않고 이야기를 하는 영

　만만하게 보이지 않는 첫인상

상을 보고는 차가워 보인다, 냉정하다, 딱딱하다고 답했다.

나는 상담이나 강의를 하면서 붙임성이 좋고 따뜻한 사람이라는 평가를 받으려고 노력하는 편인데, 적극적으로 손을 움직여서 말을 할수록 그런 반응이 크게 돌아왔다. 손을 사용할 때의 비법은 가급적 큰 동작을 취하기 위해 노력한다는 것이다.

"일요일에 낚시를 갔다가 월척을 잡았어!"

아무리 이렇게 설명을 해도 별 느낌이 없지만, 손을 크고 넓게 펼치면서 물고기의 크기를 전달하면 상대방의 관심은 물론이고 재미까지 끌어낼 수 있게 된다.

사람은 긴장할수록 손동작이 없어지거나 극히 작은 움직임을 보이게 된다. 아무리 중요한 이야기를 길게 늘어놓아도 이야기 자체가 지루하다는 반응을 받고 있다면, 손을 사용하지 않는 등 보디랭귀지에서 부족한 점이 원인일지 모르니 평소 자신의 습관을 돌아보기 바란다.

Point

말을 할 때 손을 적극적으로 사용하면 내용 자체가 화려해지고 전달력이 강화된다.

최대한 천천히
무겁게 행동하라

우리는 가수들이 무대에 올라오는 태도만 봐도 누가 경험이 많은지 알 수 있다. 가수가 무대 끝에서 중앙으로 걸어온다, 머리를 숙여 인사를 한다 등 경험이 많은 가수일수록 이 단순한 과정을 아주 천천히 진중하게 행동한다. 하지만 경험이 부족한 가수들은 어딘지 모르게 서두르는 듯이 움직이기 때문에 침착하지 못한 인상을 준다.

영화에서도 이런 장면은 예외 없이 보인다. 연륜이 있는 연기자들은 작은 동작 하나에도 여유가 보여서 관객들을 편안하게 한다. 하지만 젊은 연기자들은 동작과 동작 사이에 틈이 보이지 않는다. 그만큼 여유가 부족하다는 뜻이다.

배우 지망생들을 훈련시키는 교수들이 명상 훈련을 집중해서 시키는 것도 바로 이런 이유로, 교수들은 모든 동작에서 한 템포 늦게 움직이는 것이 중요하다고 강조한다.

일반적으로 누인들은 동자이 느린 편이다. 그 때문인지 내부분의 노인들은 겉모습만 봐도 침착하거나 여유가 있다는 느낌을 준다. 반면에 나이가 어릴수록 동작이 재빨라서 경우에 따라서는 경박스러울 정도로 가볍다는 인상을 준다.

미국 브랜다이스대학 심리학과 조안 몬테파레(Joann Montepare) 교수는 다양한 연령대의 사람들에게 10m의 거리를 걷게 한 다음, 그 모습의 실루엣만을 48명의 판정단에게 보여주었다.

그러자 판정단은 그들의 걷는 모습만으로 어느 연령대의 사람인지를 꽤나 정확하게 분별해냈다. 노인들의 동작이 전체적으로 느리기 때문에 알아차릴 수 있었던 것이다.

이는 바꿔 말하면 나이가 어리더라도 최대한 동작을 느리게 하면 동년배들보다 연배가 있는 듯이 보인다고 할 수 있다. 일반적으로 연배가 있는 편이 어딘가 품격이 있고 노련한 사람 같은 분위기를 풍긴다.

그렇다는 것은 자신을 남들의 눈에 괜찮은 사람으로 보이고 싶다면, 다시 말해서 만만하게 보이고 싶지 않다면 동작하나하나를 천천히 여유롭게 하면 된다는 얘기가 된다.

동작을 천천히 할수록 상대방은 당신의 느긋한 동작에 담겨 있는 기품을 느끼게 될 것이다. 반면에 동작이 지나치게 민첩한 인상을 넘어서 경박스러울 정도로 가볍다는 느낌이 든다면 기업 사회일 경우 중요한 직책이나 거래 상대로 삼기가 어려울지 모른다.

동작을 활기차게 함으로써 젊고 박력이 넘치는 인상을 주는 것도 나쁘지는 않지만, 지나치게 가벼운 움직임은 아직 어리다는 인상을 주어 미숙한 사람으로 보이기 쉽다. 따라서 정답은 최대한 천천히 무겁게 행동하는 습관을 갖도록 훈련하는 것이다.

동작의 속도를 바꾸는 것만으로 겉으로 보이는 이미지를 바꿀 수 있다. 활기찬 모습에 최대한 여유롭게 행동하는 습관을 갖도록 하자.

Point

그 사람은 어떻게
단숨에 신뢰를 얻었을까?

우리들은 불명확한 것을 말할 때 아무래도 고개를 움츠리는 경향을 보인다. 다시 말해서 어딘가 자신감이 없기 때문에 등을 굽힌 듯이 꾸부정한 자세를 취하고 말을 한다는 것이다.

이런 자세로 말하는 습관이 있는 사람은 스스로 가슴을 옭죄는 자세도 문제지만 남들이 보기에 자존감이 바닥이고 자신감은 전혀 없어 보인다. 이런 사람에게 신뢰의 눈길을 보낼 수 있을까?

그러니 만약 **주위사람들에게 신용을 얻고 싶다면 될 수 있는 한 가슴을 당당하게 펴고 말하자.** 가슴을 쫙 펴고 당당하게 말을 하면 상대방도 당신의 발언에 대해 믿음을 갖게 된다. '이런 사람이 설마 적당히 둘러댈 리가 없지!' 하고 생각하는 것이다.

물론 나쁜 의도를 가지고 일부러 이런 태도를 보이는 사람도 있겠지만, 그것은 별개로 하고 가급적이면 허리를 꼿꼿

이 세우고 어깨를 쫙 펴고 말하는 습관을 갖자.

나는 대학에서 인간관계와 커뮤니케이션을 강의하면서 발표하는 자세에 대해서도 가르치고 있는데, 학생들에게 별로 자신이 없더라도 가슴을 펴고 말하면 사람들의 신뢰를 받게 된다고 강조한다.

취업 면접장에서 가슴을 펴고 당당한 태도로 말하는 사람과 꾸부정한 자세로 속삭이듯이 말을 이어가는 사람 중에 누가 더 좋은 점수를 받을까? 인사 담당자들의 눈은 당연히 밝은 표정으로 당당하게 말하는 사람에게 향할 것이다.

전 미국 대통령 닉슨의 특별 고문으로 워터게이트 사건을 고백한 존 딘(John Dean)이라는 인물이 있다. 그는 닉슨의 대통령 시절을 회상하면서, 닉슨이 매사에 당당하게 발언하는 모습 덕분에 한때 국민들이 그를 무조건 신용했다고 회고했다.

"닉슨은 누구보다 자부심이 넘치고 남성적인 대통령으로 존경받았다."

나중에 알려진 사실인데, 닉슨의 연설은 내부분 불명확한 것들이 많았을 뿐더러 어떤 부분은 과장되거나 조작된 내용도 더러 포함되어 있었다. 그가 너무도 자신만만하고 당당하게 말을 했기 때문에 국민들은 묻지도 따지지도 않고 신뢰의 박수와 환호를 보냈던 것이다.

하지만 닉슨은 워터게이트 사건을 통해 너무도 많은 거짓말과 날조 행위를 저질러 왔다는 사실이 밝혀져 결국 대통령직을 사임하는 불명예를 떠안게 된다.

독일 트리어대학 심리학 연구팀은 99명의 남학생을 대상으로 구부정한 자세를 취하게 한 다음 시험을 볼 때와 등을 똑바로 펴고 시험을 볼 때의 성적을 비교해보았다. 결과는, 구부정한 자세를 취한 학생들의 점수가 훨씬 나빴다. 등을 구부리는 동작이 시험문제에 대한 확신과 자신감을 빼앗는 결과를 초래했던 것이다.

장교들은 병사들 앞에서 말할 때 가슴을 앞으로 내밀고 큰소리를 내도록 교육받는다. 그렇게 하면 자신감이 있는 듯이 보이고, 실제로 자신감의 수치가 올라가게 되어 그것이 카리스마를 불러 병사들을 압도할 수 있기 때문이다.

그러니 주위사람들의 신뢰를 받고 싶다면 일단 가슴을 펴는

것을 잊어서는 안 된다. 아무리 올바르고 정확한 사실을 말한다 해도 등을 구부정하게 하고 자신감 없는 표정으로 말하면 신뢰는커녕 오히려 짜증을 불러일으키는 상황을 초래할 수 있다.

물론 근거도 부족하고 내용이 빈약한데도 무조건 당당한 태도로 말을 한다고 해서 저절로 신뢰가 쏟아지는 것은 아니다. 말의 내용은 당연히 근거와 이론 면에서 필요충분조건을 갖춰야 한다. 그런 다음 당당하게 가슴을 펴고 말하라! 신뢰받는 사람의 첫 번째 특징을 잊지 말자.

발언할 때는 가슴을 펴고 당당하게 말하라. 아무리 올바른 내용이라도 구부정한 태도로 말하면 신뢰를 받을 수 없다.

Point

만만하게 보이지 않는 첫인상

상대에 대한 존경심은
일어서서 표현하라

상사나 선배가 이름을 부를 때 가만히 앉아서 얼굴만 상대방을 향하고는 무슨 일이냐고 묻는 사람들이 있다. 그런 태도는 버릇없다는 인상을 주기 쉽다.

상사가 이름을 부를 때는 업무적인 내용이 대부분이므로 민첩하게 대답하고 눈을 맞추는 게 좋다. 상대방에게 존경심을 표현하고 있다는 것이 그대로 전달되기 때문이다.

요즘 사회에서는 과하다고 할지 모르지만 한 번 해보기를 바란다. 분명 자신에게 향하는 눈길이 달라진다는 것을 발견하게 될 것이다.

얼마 전에 관공서에 서류를 떼러 간 적이 있다. 모두들 열심히 일하고 있는 사무실에 들어서서 담당자인 듯한 젊은이를 찾아 "저기요!" 하고 불렀다. 고개를 숙이고 일하고 있던 그 사람은 의자에 앉은 채 노골적으로 피곤한 기색을 보이며 천천히 고개를 돌렸다.

나는 이미 그 단계에서 불쾌감이 치솟아 그냥 나오고 싶은 마음이었다. 그에게 내가 원하는 서류를 말하니 한 마디 대꾸도 없이 돌아서서 다른 사람에게 뭔가를 말했고, 그 사람 역시 무표정한 얼굴로 하던 일을 마저 하고는 천천히 고개를 돌려 무슨 일로 왔느냐고 물었다. 여전히 의자에 앉은 채였다. 나는 너무 화가 나서 그 길로 그곳을 빠져나왔다.

서비스에 빈틈이 없는 가게는 고객이 부르면 기분 좋게 응답하면서 곧장 시선을 맞추며 다가온다. 그런 자세는 고객을 중요하게 여긴다는 사인을 은연중에 드러내는 것으로, 그러면 고객은 인정받는다는 기분이 들어 자연히 물건을 사고 싶다는 생각을 쉽게 떠올리게 된다.

조지아대학의 스튜어트 슈워츠(Stuart Schwartz) 교수는 **상사나 동료에게 무엇을 말할 때는 앉아 있는 자세보다 서 있는 자세가 적극적이고 정열적으로 보인다고 말한다.**

"군대에서 상관에게 이름이 불리면 곧바로 등을 펴고 일어나 재빠르게 상관 앞으로 달려간다. 이것은 상명하복의 명령 체계만이 아니라 상사에 대한 존경심을 표현하는 방법이다. 학교나 직장에서 무엇을 발표할 때 그런 동작으로 어필

만만하게 보이지 않는 첫인상

하면 발언 효과는 훨씬 좋아진다. 이것은 개인적인 관계에서도 똑같이 적용된다."

행동이 느린 것만으로도 모자라 엉덩이가 무겁다는 인상을 주면, 그것만으로 마이너스 이미지를 준다. 그렇게 일어나는 게 귀찮기만 해서는 절대로 사람들에게 좋은 인상을 줄 수 없다는 얘기다.

고객이나 윗사람에게 인사를 할 때는 굳이 일어날 필요가 없는 상황이라고 해도 애써 일어나 인사하는 쪽이 확실하게 긍정적인 평가를 받을 수 있다. 이를 실천하면 놀라운 효과를 얻게 되니 꼭 시험해보기 바란다.

상사나 고객이 부를 때 재빨리 일어나서 대답하면 업무에 적극적이고 열정적이라는 인상을 줄 수 있다.

Point

심리적으로 상대를
압도하는 행동

영업이나 상담을 할 때 상대보다 심리적으로 우위에 서야 할 순간이 있다. 어딘가 모르게 약해 보이는 모습은 상대방이 만만하게 보기 때문이다. 그렇다면 만만하게 보이지 않는 첫인상을 가지려면 어떻게 해야 할까?

상대방을 제압하는 테크닉으로는 여러 가지 방법이 있겠지만, 가장 빠르고 누구나 곧바로 실천할 수 있는 방법은 자세를 뒤로 젖히는 것이다. 가슴을 펴고 의자에 앉아서 자세가 뒤로 젖혀지도록 앉아보라.

영국 미들섹스대학 심리학과의 쿨슨(Coulson M.) 교수에 의하면 이런 자세는 원래는 분노, 거절, 적대감 같은 감정의 표현이지만 다른 한편으로 자신의 강인함을 이미지화하는 것이라고 한다.

쿨슨 교수는 **'나를 만만하게 보지 마!'라는 표현을 전달하기 위해서는 자세를 뒤로 젖히는 것이 제일이라고 말한다.** 반

면에 허리를 굽히고 상대에게 바짝 다가가는 것은 친밀감의
표현이지만 상대가 자칫 만만하게 볼 수 있다고 한다.

자세를 뒤로 젖힌 상태에서 상대방이 어떤 말을 하더라도
가타부타 대답을 하지 않고 다만 입을 다물고만 있어도 상
대는 저절로 새로운 제안으로 양보를 하기도 한다.
"그럼 이 조건은 어떻습니까?"
"조금 조건을 바꿀까요?"

비즈니스 매너와 관련된 책자들을 보면 다른 사람과 만날

때 자세를 뒤로 젖히는 것은 좋지 않은 매너라고 되어 있는데 반드시 그런 것만은 아니다. 교섭이나 상담, 설득 등 상대방을 심리적으로 제압하고 싶은 때는 매우 효과적인 테크닉이기 때문이다. 적절한 기회가 오면 과감하게 한 번 시도해보기 바란다.

나는 강의 요청을 받고 강사료를 교섭할 때는 자세를 뒤로 젖히면서 강한 모습을 보이곤 한다. 출판사와 도서 출간 문제로 논의할 때도 원고 마감이나 출간 시기를 나에게 유리한 쪽으로 정하기 위해 일부러 자세를 뒤로 젖히곤 한다.

그렇게 하면 상대방은 나의 태도가 완강하다는 사실을 알아채고 스스로 양보안을 제시할 때가 많았다. 자세를 뒤로 젖히면서 말하면 전달력이 강화되고 심리적으로도 우위에 서게 된다는 점을 잊지 말자.

Point

자세를 뒤로 젖히면서 말하면 전달력이 강화되고 심리적으로도 우위에 서게 된다.

만만하게 보이지 않는 첫인상

인간관계가 힘든 사람들의
공통적인 특징

이탈리아 로마에 있는 심리요법연구센터는 인간관계가 잘 풀리지 않는 사람들에게 공통적으로 드러나는 특징이 있다는 연구 결과를 내놓은 적이 있다.

어떤 차이가 있을까? 연구팀은 인간관계가 서툰 사람들은 타인의 마음을 읽지 못하는 공통점이 있다고 지적한다. 그들은 상대방의 기분을 관찰하는 능력이 부족하거나 아예 없기 때문에 상황에 어울리지 않는 발언이나 행동을 하고 만다는 것이다.

예를 들어 직장 동료들과 회식을 할 때 관찰력이 좋은 사람은 '이제 슬슬 집에 가고 싶어 한다'는 분위기를 재빨리 읽어낸다. 그래서 적당한 타이밍에 마무리를 하자고 제안해서 참석자들에게 해방감을 선물한다.

반면에 타인의 마음을 제대로 읽어내지 못하는 사람은 모두들 집에 가고 싶다고 아우성을 치는 분위기인데도 눈치 없이 술을 더 주문하거나 2차를 가자고 말한다. 이런 사람이 좋은 인간관계를 구축할 리 없는 것은 당연하지 않겠는가.

인간관계를 잘 풀어내기 위해서는 현재 상황을 재빨리 관찰할 필요가 있다. 어떻게 분위기를 파악할 수 있을까? 정답은 주위사람들이 어떤 생각을 할지를 1순위로 생각하는 습관을 들이는 것이다. 자기본위가 아닌 타자본위로 생각하라는 얘기다.

인간관계가 유연한 사람은 다른 사람과 술을 마실 때 자기보다 주위사람들에게 시선을 돌린다. 누구의 잔이 비어 있지는 않은지, 음식은 충분한지, 모두가 참여할 수 있는 화젯거리로 이야기하고 있는지, 모두의 표정이 즐거운지, 이런저런 상황을 살피는 것이다.

기업사회에서 빠르게 승진하는 사람들을 보면 대부분 이런 특징을 가지고 있다. 이것은 눈치가 빠르디는 차원을 넘어서 자신의 만족보다 타인의 만족과 기쁨을 우선시하는 인간 관계의 달인이 되는 비결이다. 반면에 현재 상황의 분위기를 읽을 수 없는 사람, 다른 사람들이 어떻게 생각하고 있는지 모르는 사람의 인간관계는 보나마나다. 당신은 어느 쪽인가?

4

기업에서
첫인상이 좋은 사람을
뽑는 이유

나를 처음 본 사람들은
내가 어떤 사람인지
어떻게 알 수가 있을까?

만만하게 보는 것을 넘어 기피인물이 되다

6년 차 연극배우 이시하라 사유미는 요즘 고민이 깊다. 한때는
장래가 촉망된다는 평가를 받으며 제법 많은 작품의 배역을
제의받곤 했는데, 요즘 들어 그녀에게 작품을 함께하자는 제의가
무척 뜸해졌기 때문이다.
이제 그녀의 나이 28세. 연극배우로 한 단계 도약해야 하는
나이였다. 지난 6년의 경험이 더해져 한층 발전한 모습을 보여야
하는 때이기에 지금이 그녀의 배우 인생에서 제일 중요한 시기라고
해도 과언이 아니었다.

하지만 요즘 그녀는 연극계에서 자신에 대한 평가가 예전 같지
않다는 사실을 느끼고 있었다. 동료 배우들에게 조언을 구해도
별다른 말을 하지 않았다. 뭔가 그녀를 둘러싼 소문이 있기는 있는
모양인데, 다들 노골적으로 기피하는 느낌이랄까?
너무 답답한 나머지 그녀는 대학 때의 교수님을 찾아가 도움을
청했다. 그러자 교수님은 무슨 사정이 있었는지 다 알겠다는 듯이
그녀에게 이런 말을 했다.
"자네는 좀 더 겸손해져야 해. 자신을 낮추는 태도가 필요하다는
뜻이야."

저음엔 무슨 말인지 몰라 어안이 벙벙했다.

교수님의 말씀은 계속 이어졌다.

"한 사람의 배우로서 자긍심을 갖는 것도 좋고 자기만의 스타일을
고집하는 것도 좋지만, 그것이 도가 넘쳐서 건방지거나 오만해지면
안 돼. 주위사람들에게 얼마나 스스로를 낮추면서 겸손하게
대해왔는지 돌아봐. 연극계는 한 번 행실에 대한 소문이 나면
수습하기 어렵다는 걸 알아야 해."

당혹스런 표정을 짓는 그녀를 바라보다가 교수님이 말을 보탰다.

"한 사람의 배우로서 좀 더 무거워져야 한다는 말을 하고 싶군.
외면의 화려함이 아니라 내면을 꽉 채우는 사람이 되라는 뜻이야.
세상은 그런 사람이 되려고 노력하는 사람을 절대로 만만하게 보지
않는다는 걸 잊지 마."

젊어서 연극배우로 명성을 떨쳤고 지금도 간간이 연극무대에 서는
노교수님이 진심을 담은 충고를 해주었지만, 솔직히 말해 그녀의
마음에 경종을 울릴 만큼 와 닿지는 않았다.

작은 성공에 취해서 오만했다는 지적은 무엇보다 아프게 들렸지만,
여배우로서 그 정도의 자긍심은 필요하지 않을까 생각했다.

그럴더라도 동료들이 그녀를 만만하게 보는 것을 넘어 기피인물로
취급하는 현실은 너무 뼈아팠다.

걸어 다니는 백과사전이라 불리는 사나이

사카모토 류지는 '걸어 다니는 백과사전'이라고 불리는 사람이다.
오래전 우리가 중학생일 때 영어시간에 'walking dictionary'라는
말을 배웠는데, 영어 선생님은 이것이 '박식한 사람'이라는 뜻의
관용구라고 말씀하셨다.
그가 바로 그런 사람이었다. 요즘 같은 인터넷 시대에도
검색포털을 들어가서 찾아내기 힘든 지식들이 많은데, 그에게
물어보면 뚝딱 답이 나왔다. 그러다 가끔 그 자신도 모르는
문제가 있으면 이미 알고 있는 상식의 연결고리를 통해 여기저기
조사하고는 잠시 후 짜잔 하고 답을 내놓았다.

그의 지식 범위는 정치, 경제, 사회, 문화, 과학, 스포츠 등 한계가
없었다. 경제 문제를 이야기하다 화제가 스포츠로 넘어가면 거기에
대한 상식을 줄줄이 내놓았다.
대체 그는 어떻게 걸어 다니는 백과사전이 되었을까? 누가 이렇게
물어보면 언제나 그럴듯이 껄껄 웃기만 할 뿐 대답하지 않았다.
다만 한 가지 주위사람들이 짐작하는 것은 이런 별명이 그의
지독한 독서습관에서 나왔을지 모른다는 것이었다.

그는 어렸을 때부터 엄청나게 많은 책을 읽어왔다고 한다. 지금도
1년에 평균 200권이 넘게 읽는다고 하니 그의 왕성한 독서 편력을

가늠할 수 있다. 그렇다고 해도 의문은 남는다. 엄청나게 많은
책을 읽는 것은 그렇다 치고, 어떻게 그 내용을 거의 다 머릿속에
담아놓을 수 있었을까?
하지만 동료들은 그에게는 충분히 가능한 일이라는 걸 알고
있었다. 그는 독서습관만큼이나 지독한 메모광이었다. 그러니 어떤
책을 읽은 다음 독후감은 물론이고 본문 중에 특별한 내용을 따로
적어놓는 습관이 몸에 배어 있었던 것이다.

사실 우리는 상식이 풍부한 사람이나 남다른 지식의 소유자들과
함께 이야기를 하면 그들의 묵직한 지식의 무게에 지레 주눅이
들곤 한다. 학식이 높은 전문가 앞에서 머리가 숙여지는 것도
마찬가지 이유다.
그런 사람들 중엔 자기보다 못한 사람을 깔보는 것으로도 모자라
아예 사람 취급을 하지 않는 경우도 있어 존경은커녕 반감을 사는
인물도 많다.
하지만 사카모토 류지는 결코 무겁지 않게, 그렇다고 결코
가볍지도 않은 모습으로 자기 자리에 충실하면서 내면을 차곡차곡
채워나가는 작업을 계속해나갔다.

상대방의 눈을 보면
감정을 읽을 수 있다

눈은 마음의 창이라고 한다. 이 말은 상대방의 눈을 똑바로 보면 어떤 생각을 하고 있는지 곧바로 알 수 있다는 뜻이기도 하다. 마이애미대학의 스티븐 야니크(Steven Janik) 교수와 로드니 웰렌스(Rodney Wellens) 교수는 사람들이 다른 사람을 만날 때 제일 먼저 보는 신체부위가 어디인지를 알아보았다.

결과는 눈에 집중한다가 43.4%로 첫 번째였고, 입이 12.6%로 두 번째였다. 왜 상대방의 눈에 먼저 시선이 갈까? 연구팀은 이 질문에 이렇게 대답했다.

"눈이 그 사람의 감정을 제일 잘 드러내기 때문이다."

우리는 상대방의 눈을 보고 있으면, 그가 무슨 생각을 하고 있는지를 짐작할 수 있게 된다는 사실을 무의식적으로 알고 있다. 예를 들어 내가 하는 말에 상대방이 흥미를 느낀다고 할 때, 그 사람의 눈은 자연스럽게 크게 떠진다. 그러면서 눈

이 반짝거리고 빛나는 듯이 보인다.

"와, 그 이야기 정말 재미있네요, 더 해주세요."

이렇게 졸라대듯이 요구하는 상대방의 눈은 무척 크게 보인다.

반면에 내 이야기에 흥미를 느끼지 못할 때는 상대방의 눈이 작게 오므려진 듯이 보인다. 입으로는 재미있는 이야기라고 말하면서도 눈이 작아진다면, 그것은 틀림없이 내 이야기에 별로 흥미가 없다는 뜻이다.

나에 대해 호감을 가지고 있는지에 대해서도 상대방의 눈을 보면 금방 알 수 있다. 만약 누군가 당신에게 호감을 느낀다면 그의 눈은 커져 보인다. 당신을 똑바로 쳐다보려고 자연스럽게 눈이 크게 떠지기 때문이다.

하지만 **당신에게 호감은커녕 반감을 느낀다면 흡사 더러운 물체라도 보는 듯이 눈을 가늘게 뜰 것이다.** 그것은 당신을 별로 상대하고 싶지 않다는 의지의 표시일 수 있으니 재빨리 대화를 멈추는 게 좋다.

당신에게 믿음이 있을 때 상대방의 눈은 크게 떠지고, 당신에게 의심을 품을 때 그의 눈은 작아진다. 참으로 묘한 것은, 이런 작은 표정 하나만으로도 얼굴의 전체적인 이미지가 달라진다는 점이다.

조금 과장되게 말하자면 상대방이 눈을 크게 떴을 때는 긍정적인 감정을, 반대로 눈을 가늘게 뜰 때는 부정적인 감정을 가지고 있다고 생각하면 좋다.

Point
상대방이 눈을 크게 떴을 때는 긍정적인 감정을, 가늘게 뜰 때는 부정적인 감정을 느끼고 있는 것이다.

만만하게 보이지 않는 첫인상

대화를 나눌 때의
가장 좋은 매너

무엇을 골똘히 생각할 때 눈을 이리저리 굴리는 버릇이 있는 사람이 있다. 예를 들어 회의 중에 다른 참석자의 말에 집중하지 않은 채 '내게 발언을 시키면 무슨 말을 하지?' 하고 자기만의 생각에 빠져 있는 사람은 자신도 모르게 눈동자를 움직이게 된다.

거짓말을 하려는 사람도 머릿속에 여러 생각이 맴돌기 때문에 역시 자신도 모르게 눈동자를 움직이기 쉽다. 텔레비전 드라마에서 경찰에게 쫓기는 도둑이 은밀한 곳에 숨었을 때 심하게 눈동자를 굴리는 모습을 생각하면 이해하기 쉽다.

미국 조지아대학 심리학과 존 호킹(John Hawking) 교수가 경찰들을 대상으로 진행한 연구에 의하면, 경찰은 피의자의 눈이 어떤 움직임을 보이는지 주목하는 것만으로도 그가 거짓말을 하고 있는 것을 알 수 있다고 한다.

진실을 말하는 사람은 별로 눈동자를 움직이지 않지만 반면에 거짓말을 하는 사람은 머리를 써서 자신을 감춰야 하기 때문에 눈동자의 움직임이 심하게 나타난다.

상대방이 머리를 써서 말하는 사람인지, 그냥 되는대로 말하는 사람인지도 눈의 움직임을 보면 알 수 있다. 머리를 쓰는 행동은 단지 두뇌의 움직임만으로 되지 않고 반드시 미간을 찌푸린다든지 눈동자를 굴리는 행위를 동반한다.
그런데 골똘히 생각하는 모습과는 달리 조급하게 눈을 움직이는 버릇이 있는 사람은 어딘가 신용할 수 없는 인상을 주게 된다. 뭔가 좋지 않은 생각을 하고 있는 듯이 보이기 때문이다.

신용할 수 없는 행동에 대해 조금 더 설명하기 위해, 아마 많은 사람들이 경험한 적이 있을 법한 다음과 같은 사례를 들어보겠다.
어느 카페에 대학생 커플이 앉아 있다. 여자는 남자를 계속 쳐다보며 말하는데 남자는 허공을 바라보면서 이따금 가볍게 맞장구를 치다가 카페에 들어오는 여자들에게 슬쩍슬쩍 눈길을 준다.
당신이 만약 옆에서 이런 남자를 지켜본다면 마음속으로

'신뢰할 수 없는 녀석!'이라고 생각할 것이다. 왜냐하면 마음속으로 더 좋은 여자가 어디 없는지 관찰하고 있는 불순함이 눈의 움직임으로 고스란히 드러나기 때문이다.

나는 다른 사람들과 이야기할 때 될 수 있는 한 상대의 얼굴에 포커스를 맞추고 다른 곳으로 시선을 돌리지 않도록 노력한다. 상대방의 얼굴을 보고 있노라면 머릿속으로는 다른 생각을 하더라도 의외로 쉽게 들키지 않기 때문이다.

눈동자를 굴리지 않으면 다른 사람들에게 믿음직한 인상을 줄 수 있다는 사실을 기억하라.

나는 세미나에 토론자로 참석할 때가 많다. 보통 5~6명의 전문가들이 하나의 문제를 놓고 각자의 의견을 발표하는데, 어떤 사람은 자신의 생각과 다른 의견이 나오면 심하게 흥분해서 얼굴을 붉히며 반론을 펼치는 경우도 있다.

이때 그 사람의 얼굴을 보면 아주 재미있다. 흥분할수록 눈동자가 좌우로 심하게 요동치고, 동시에 손동작도 격렬해진다. 나는 그런 모습을 볼 때마다 사람은 인체 구조상 마음과 눈동자의 움직임이 서로 연결되어 작동하는 게 아닐까 생각하곤 한다.

나는 또 생각한다. 마음이 동요할 때 눈동자의 흔들림을 억제하는 연습을 평소에 해둔다면 속내를 들키지 않을 수 있고, 그만큼 상대에게 진중한 사람이라는 인상을 줄 수 있지 않을까? 그런 이유로 나는 명상훈련을 할 때, 눈을 뜬 채로 눈동자를 고정하고 한곳을 뚫어지게 바라보는 연습을 한다. 효과는 말할 것도 없이 최고다.

한 마디 덧붙이자면, 상대의 얼굴에 시선을 고정하라는 얘기는 계속해서 빤히 바라보라는 말이 아니다. 상대의 얼굴에 시선을 집중하고 있으면 상대방이 불편을 느끼고 불안해할 수 있다.

가장 좋은 매너는 대화 중에는 60% 정도 눈을 마주하고, 40% 정도는 얼굴과 목 사이를 보는 것이라고 한다. 이렇게 시선을 분산하면 상대방도 대화에 여유를 느끼게 되니 보다 좋은 분위기를 이어갈 수 있을 것이다.

진실을 말하는 사람은 눈동자를 많이 움직이지 않는다. 반면에 거짓말을 하는 사람의 눈동자는 움직임이 심하게 나타난다.

Point

긴장하면 왜
눈을 심하게 깜빡일까?

평균적으로 성인 남자는 2초에 한 번, 여성은 3초에 한 번 눈을 깜빡인다고 한다. 그런데 눈을 깜빡이는 횟수가 이상하리만큼 증가하는 경우가 있다. 마음에 걸리는 일이 있거나 긴장할 때가 그렇다. 따라서 눈을 깜빡이는 횟수를 세어보면 상대방이 긴장하고 있는지 금방 알 수 있다.

예를 들어 취업 면접장에 들어선 사람 중에는 계속 눈을 깜빡거리는 경우가 있다. 긴장감이 생체 리듬까지 바꿔버린 것이다. 나는 심할 경우 구토를 하거나 잠깐 정신을 잃는 경우도 보았다.

눈을 깜빡거리는 행동은 의식적으로 컨트롤하기가 어렵다. 사람들 앞에 서는 게 직업인 정치인들은 자신의 동요나 불안을 유권자들에게 들키지 않으려고 감정 컨트롤을 잘하는 편이지만, 그럼에도 불구하고 그들조차 눈을 깜빡거리는 것은 좀처럼 컨트롤할 수 없는 모양이다.

만만하게 보이지 않는 첫인상

1996년 10월 21일자 〈뉴스위크〉 기사에서, 보스턴대학의 신경심리학과 연구팀은 당시 대통령 후보였던 빌 클린턴과 밥 돌이 선거 기간 중에 펼쳤던 토론에서 눈을 깜빡거리는 횟수를 알아보았다.

평범한 사람들은 평균적으로 1분에 30회에서 50회 정도 눈을 깜빡거린다. 그런데 밥 돌 후보의 경우 평균 147회, 1초에 3회나 깜빡거렸다. 그가 가장 많이 깜빡거린 횟수는 163회로, '4년 전에 비해 미국이 윤택해졌다고 생각하는가?'라는 질문을 받았을 때였다.

반면에 클린턴은 평균 99회였다. 밥 돌과 비교하면 깜빡거림이 적었다고 할 수 있지만 그래도 평균보다 두 배나 많은 횟수였다. 클린턴이 가장 많이 깜박거렸던 순간은 10대 청소년의 약물 사용 증가에 대한 질문을 받았을 때로 117회였다.

이 조사에 따르면, 2000년 이전까지 진행되었던 5차례 대통령 선거 중에 토론을 하면서 눈을 깜빡거리는 횟수가 많았던 후보자는 모조리 낙선했다고 한다. 따라서 대통령 후보자들의 토론회를 보면서 깜빡거림에 주목한다면, '어? 이 사

람이 다음 대통령이 되겠는 걸!' 하고 심리학적 측면에서 예
상할 수 있지 않을까?

눈을 깜빡거리는 현상은 감정 컨트롤을 아무리 잘하는 사
람이라도 의식적으로 횟수를 줄이거나 조정할 수 없다. 거의
반사작용으로 일어나기 때문이다.

그렇다는 것은 **평범한 사람이 눈의 깜빡거리는 횟수를 줄
이는 것은 불가능하다**는 얘기다.

따라서 거래관계, 부부나 연인 사이, 또는 직장의 인간관
계에서 상대방이 대화중에 갑자기 눈을 심하게 깜빡거린다
면 일단 경계 태세에 들어가자. 상대에게 뭔가 문제가 있다
는 신호일지 모르니 말이다.

비즈니스 상담 중에 상대방이 유난히 심하게 눈을 깜
빡거린다면 마음에 걸리는 일이나 거짓말, 불안, 긴장
을 하고 있다는 뜻일지 모르니 조심하라.

Point

얼굴의 주름과 표정의
심리학적 관계

얼굴의 주름은 표정과 연결되어 있다. 예를 들어 웃는 얼굴을 지으면 누구라도 눈가가 자연스럽게 내려가기 때문에 눈꼬리에 주름이 생기기 쉽다. 따라서 평소에 많이 웃는 사람일수록 눈꼬리 주변에 주름이 생기게 된다.

반대로 오랜 시간 슬픈 기분에 사로잡혀 사는 사람은 아무래도 얼굴 피부 전체가 아래로 쳐지기 때문에 코부터 입까지 팔자 주름이 생긴다. 따라서 이런 사람의 얼굴에는 팔자 주름이 낙인처럼 박히게 된다.

사람은 누구나 나이가 들어가면서 얼굴의 주름에 신경을 쓰게 된다. 그래서 주름을 없애기 위해 온갖 노력을 기울이고 성형으로 주름을 없애기도 한다.

그러나 성형외과 전문의들은 주름을 없애면 표정에 영향을 준다고 말한다. 원래 주름과 표정은 겉과 속처럼 밀접한 관계이기 때문에 표정이 없어지면 주름도 생기지 않는다.

즉, 어느 부위에 주름이 생긴다는 건 그렇게 만드는 표정을
자주 짓는다는 뜻이다.

미국 델라웨어대학의 캐롤 이자드(Carroll Izard) 교수는
이렇게 경고한다.

**"주름을 없애면 주름을 만드는 표정까지 잃어버릴 위험이
크니 유의해야 한다."**

우리는 풍부한 표정을 지닌 사람들을 좋아한다. 반대로 그
다지 표정을 드러내지 않고 가면을 쓴 듯한 얼굴을 하고 있
는 사람은 좋아하지 않는다. 우리가 어떤 사람을 처음 만났
을 때 가장 먼저 보게 되는 것은 그 사람의 표정인데, 얼굴에
드러나는 마음속의 심리와 감정이 보이지 않는다면 좋은 느
낌을 받기 힘들 것이다.

감정이 풍부하게 담긴 표정으로 자주 웃음을 나눠주던 사
람이 수술로 주름을 없애고 난 후부터는 그런 표정이 줄어
드는 경우를 자주 본다.

단순히 주름을 없애는 것만이 매력적인 얼굴로 변하게 만
드는 것은 아니라는 얘기다. 예를 들어 눈꼬리에 주름이 있
으면 늙어 보인다고 생각할 수도 있지만, 주위사람들은 당신

의 웃는 얼굴이 좋다고 평가하는 경우도 있을 것이다.

나는 성형을 한 사람을 확실하게 구분할 수 있는데, 그 이유는 얼굴에 칼을 댄 사람은 하나같이 얼굴이 조금 당기는 듯한 느낌을 줘서 표정이 빈약해 보이기 때문이다.

'주름은 없애고 싶지만 표정까지 없애고 싶지 않다!'

이렇게 생각한다면 얼굴에 주름이 생기는 것이 결코 나쁜 일만은 아니지 않을까. 주름이 생긴다는 것은, 특히 눈꼬리의 주름은 자신이 언제나 웃는 사람임을 증명하는 것이니 말이다.

얼굴 주름은 자연스런 표정을 짓기 위해 꼭 필요하다. 주름을 없애면 좋은 표정까지 잃어버릴 위험이 있다는 사실을 기억하자.

Point

머리숱이 적은 사람일수록
믿을 만하다?
~~~

아직 젊은데도 머리숱이 상당히 적어 이마의 면적이 넓어진 사람들이 있다. 이들은 어쩌면 그 자체를 콤플렉스로 여기거나 언제 가발을 쓸지 고민하겠지만, 이 현상이 반드시 나쁜 것만은 아니라는 사실을 알아두면 좋겠다.

그렇다면 어떤 부분을 강점으로 생각할 수 있을까? 가장 큰 장점은 연배가 있어 보인다는 것이다. 이들에게는 늙어 보인다는 말보다는 성숙해 보인다는 표현이 어울린다.

또한 이들은 대체적으로 남들로부터 신용을 얻기 쉽다는 장점이 있다. 일을 하다가 어린애 취급을 받는 일이 없기 때문에 같은 일을 하더라도 믿음을 준다.

이것은 내가 지어낸 이야기가 아니라 과학적으로 나타난 실제적인 연구 결과다. 미국 올드도미니언대학의 토마스 캐쉬 (Thomas Cash) 교수는 18명의 머리숱이 적은 남성의 사진과 18명의 평균적인 머리숱을 가진 남성의 사진을 154명의 평가

만만하게 보이지 않는 첫인상

자들에게 보여준 뒤에 그들에 대한 이미지를 물어보았다.

그 결과 머리숱이 적은 사람 쪽이 평균 5세 정도 나이가 더 들어 보이는 경향이 있다는 사실을 알 수 있었다. 하지만 평가자들에게 어느 그룹이 업무적인 면에서 성공했을 것 같으냐고 물어보자 대부분이 머리숱이 적은 사람을 가리켰다.

특히 중요한 사실은 나이가 어리고 머리숱이 적은 사람일수록 그런 평가가 현저히 높게 나타났다.

젊은 나이에 머리숱이 적다는 것은 본인에게 있어서는 감추고 싶은 약점일지 모르지만 주위사람들은 오히려 호의적이라는 사실이 여러 연구에서 밝혀졌다.

그러니 젊은 나이에 머리숱이 없는 사람은 고민은 그만두고, 나이가 연상으로 보이는 동시에 **상대에게 안정과 믿음을 느끼게 하는 강점이 있다는 점을 잘 활용하면 좋을 것이다.** 직장인 사회에서 진중하고 성숙한 인상을 주는 사람은 남들보다 훨씬 더 주목을 받을 수 있다는 사실을 잊지 말자.

성공한 경영자 중에도 젊은 시절부터 머리숱이 적어서 오히려 이득이었다고 생각하는 사람들도 많다. 대표적으로 소

프트뱅크의 창업자 손정의 같은 사람이 그렇다. 그는 대학생 때 이미 머리숱이 적어서 교수들과 대등할 정도로 노숙한 모습이었는데, 그 덕분에 오히려 주위로부터 신뢰도가 높았다고 회고한다.

젊은 사람이 머리숱이 적으면 어떻게든 감추려고 하는 게 일반적이지만 오히려 당당하게 행동하면 돌아오는 이득도 만만치 않게 많다는 사실을 알았으면 한다.

머리숱이 적으면 연배가 있어 보이기 때문에 성숙하다는 느낌과 함께 신용을 얻기 쉽다는 장점이 있다.

Point

신경질적인 사람의
표정에서 발견되는 특징

별것 아닌 일에도 엄청나게 화를 내는 신경질적인 사람들이 있다. 가령 서류에 부하직원이 사인을 했는데 너무 휘갈겨 썼다며 기분이 상한 표정을 짓는 상사들이 있다. 보기에 그렇게 흉한 것도 아닌데 괜히 짜증을 내며 시비를 거는 것이다.

이런 사람은 동료들과 어울리기가 어렵다. 왜냐하면 언제 어디서든 곧바로 화를 분출하기 때문이다. 게다가 일단 화를 분출하면 최소한 30분이나 1시간 정도는 투덜거리며 불만을 뱉어내기 때문에 참고 볼 수가 없다.

될 수 있으면 그런 사람과는 거리를 두고 싶은데, 어떻게 하면 그런 타입을 쉽게 식별할 수 있을까? 가장 구분하기 쉬운 실마리는 바로 첫인상에서 보이는 '빈약한 표정'이다.

신경질적인 사람은 기본적으로 표정이 매우 빈약하다. 즐거운지 슬픈지, 감정을 잘 헤아리기가 힘들 정도로 무표정하다는 얘기다. 그들은 자신의 감정을 억제하면서 살기 때문에 그만큼의 울분이 마음에 쌓이기 쉽고, 그것이 감정의 날을 바짝 세운 신경질로 나타나는 것이다.

미국 포모나대학 심리학과 하이디 리지오(Heidi Riggio) 교수는 표정의 풍부함과 신경질에 관한 연관성을 찾아본 연구를 통해 표정이 빈약한 사람일수록 예민하고 신경질적이라는 결론을 내렸다.

'빈약하다'의 영어 단어는 'poor'인데, 해석하자면 '가난한, 빈곤한, 불쌍한, 부족한'이라는 뜻이다. 누군가의 표정에서 이런 단어가 생각날 만큼 메마르다면 그런 사람이 과연 행복할까?

반대로 호감형인 사람은 표정이 매우 풍부하다. 기쁘고, 즐겁고, 슬프고, 아픈 감정 상태를 있는 그대로 잘 표현한다는 뜻이다. 그러니 주위사람들 중에 누군가와 어울리고 싶다면 표정이 풍부한 사람을 만나는 것이 좋다. 그래야 상대가 무엇을 생각하고 있는지 알 수 있기 때문에 어울리기가 쉽다.

신경질적인 사람일수록 결혼이 힘들다는 연구 결과도 있다. 신경질적인 사람은 상대방의 작은 결점을 날카롭게 따지고 드는 경향이 있다. 담대하게 대처히지 못하기 때문에 사소한 일에도 끊임없이 추궁을 한다. 그런 사람이니 당연히 결혼이 쉬울 리가 없다.

이것은 캐나다에 있는 멍크턴대학 심리학 연구팀이 조사한 내용으로, 446쌍의 부부를 조사했는데 결혼생활에 문제가 있는지 없는지는 두 사람 모두 얼마나 신경질적이냐에 따라 정해졌다고 한다.

결혼도 그렇지만, 사람들과 단순히 어울리는 일에도 신경질적인 사람은 인간관계를 이어나가기가 어렵다. 따라서 될 수 있는 한 칼날처럼 예민해서 신경질을 자주 내는 사람과는 부딪칠 일을 줄이는 것이 좋다.

그러나 사회생활은 원하는 사람, 성격이 맞는 사람하고만 지낼 수는 없다. 그러니 어쩔 수 없이 그런 사람과 어울릴 수밖에 없다면 될 수 있는 한 그의 성질을 건드리지 않도록 주의하면서 지내도록 하자.

> 표정이 빈약한 사람은 멀리하자. 그는 항상 날을 바짝 세운 채 살고 있어 오래 어울리다가는 언젠가 크게 상처받을 수 있다.

Point

기업에서 첫인상이 좋은 사람을 채용하는
진짜 이유

우리의 얼굴을 자세히 보면 좌우로 완전한 대칭을 이루고 있지는 않다. 왼쪽 눈이 조금 작다든가, 코가 어느 쪽으로 휘어져 있다든가, 입의 위아래가 약간 비뚤어져 있거나 한다.

흔히 첫인상이 좋은 호감형들은 얼굴을 정중앙으로 나눴을 때 정확하게 대칭을 이룬다. 그렇게 깔끔하게 좌우 대칭을 이루는 얼굴은 상당히 보기 좋은데, 그 증거로 모델이나 배우들의 얼굴은 마치 그린 듯이 좌우 대칭을 이룬 경우가 많다.

얼굴이 좌우 대칭을 이루는 사람들은 사교적이고 활기찬 성격이라는 연구 결과가 있다. 얼굴이 매력적인 사람은 성격이 좋다는 뜻이기도 한데, 이는 미인일수록 성격이 나쁘다는 속설이 근거 없는 말이라는 뜻이기도 해서 새롭게 들린다.

이를 심리학의 측면에서 알아본 연구 자료가 있다. 오스트리아 빈대학의 심리학 연구팀은 50명의 남성과 69명의 여성의 얼굴 사진을 찍어 얼굴의 대칭성을 조사해보았다. 사진의 한가운데를 접어 얼굴의 좌우가 딱 일치하면 대칭성이 있는 것이고, 겹치지 않는다면 대칭성이 적은 것으로 보았다.

연구팀은 그 결과물을 바탕으로 사교성에 대해 측정해보는 심리 테스트도 해보았다. 결과는, 얼굴의 대칭성이 높은 사람일수록 사교적인 성격임을 알 수 있었다.

남성이든 여성이든 **생김새가 잘 조화된 좌우 대칭일수록 밝고 붙임성이 좋은 성격이라고 봐도 좋다.** 한 마디로 말해서, 대부분의 미인과 미남은 활달하고 좋은 성격이라는 얘기다.

사실 성격이 나쁜 사람은 무엇이든 불만을 느끼며 마음에 들어 하지 않기 때문에 그런 감정이 고스란히 얼굴에 드러난다. 그렇게 불만스러운 생각을 지닌 채 살다 보니 입이 삐뚤어지거나 좌우의 눈 중에 한 쪽이 가늘어지거나 해서 대칭성이 무너지는 것이다.

그런 관점에서 성격이 좋은 사람은 모든 일에 여유가 있고 긍정적이기 때문에 상대적으로 얼굴의 대칭성을 유지한 채로 살아갈 수 있는 것이다.

기업의 인사 담당자들은 겉으로 드러내지는 않아도 면접

을 할 때 첫인상이 좋은 사람, 나아가 생김새가 뛰어난 사람을 선호한다. 왜냐하면 얼굴 생김새가 좌우 대칭을 이루어 호감형인 사람이 성격까지 좋다는 사실을 경험적으로 알기 때문이다.

이와는 반대로 얼굴의 대칭성이 무너진 사람을 채용하면 크고 작은 트러블을 일으켜 직장의 분위기가 나빠질 가능성이 있다. 그렇기 때문에 면접관들이 신입사원의 얼굴을 유심히 살펴보는 것은 심리학적으로 의미가 있는 일이다.

이러한 면에서 신입사원을 채용할 때는 성격 테스트 같은 걸 하기보다는 호감형의 얼굴을 채용하면 그렇게 나쁜 선택은 아니라고 생각한다. 반드시 미남 미녀만을 선택하라는 게 아니다. 얼굴 대칭이 비교적 바르고 호감이 있는 생김새를 신입사원으로 뽑는다면 후회 없는 선택이 될 것이다.

Point

좌우 대칭이 맞는 사람은 심리학적 측면에서 볼 때 성격이 좋을 가능성이 높기 때문에 기업에서 선호한다.

만만하게 보이지 않는 첫인상

상대의 마음을 알고 싶다면
얼굴을 주목하라

사람의 감정이나 본심을 알고 싶을 때 그의 몸에 주목해야
한다는 것은 두 말할 필요도 없다. 왜냐하면 사람의 얼굴은
의식적으로 컨트롤할 수 있지만 손이나 다리 같은 부위는
컨트롤하기가 어렵다 보니 그쪽에서 본심이 흘러나오는 경
우가 적지 않기 때문이다.

그렇다고 해도 아직 대화 테크닉의 초심자라면 상대의 얼
굴에 집중해야 한다. 나는 사람들의 마음을 읽는 법을 강의
할 때는 무조건 얼굴만 들여다봐도 80% 정도는 알 수 있다
고 말하곤 한다.

다른 사람과 만날 때 그의 얼굴을 바라보는 것은 매우 자

연스러운 행위다. 반면에 시선이 상대의 신체 쪽으로 옮겨지면 매우 부자연스러운 분위기가 조성된다. 특정한 신체 부위에 시선을 주거나 흘깃거릴 경우 상대에게 불쾌감을 줄 수 있기 때문이다.

그렇기에 초심자는 상대방의 얼굴을 바라보는 편이 가장 좋다. 사실 상대방의 얼굴을 보는 것이 몸을 보는 것보다 훨씬 올바르게 마음을 읽을 수 있다는 연구 결과도 있다. 독일 키센대학 심리학 연구팀은 상대방의 얼굴에 주목했을 때와 몸에 주목했을 때, 마음을 읽는 기술의 명중률이 어느 정도 바뀌는지를 실험해보았다.

상대의 얼굴에 주목하면서 마음을 읽은 그룹은 그의 분노, 행복, 슬픔, 부끄러움 같은 감정에 대해 52% 정도까지 읽어낼 수 있었지만 몸에 주목한 그룹은 35%에 그쳤다. 결과적으로 상대방의 얼굴을 보는 편이 감정이나 본심을 잘 알아낼 수 있었던 것이다.

어렸을 때 초등학교 선생이 다른 사람들과 이야기할 때는 상대방의 눈을 똑바로 보라고 가르쳤는데, 이 말은 다른 사람의 마음을 읽을 때 반드시 유용한 조언이라고 할 수 있다.

동작과 습관으로
타인의 마음을
읽는 법

취미에 몰두하는 사람은
일에서도 열정적일까?

나를 만만하게 보는 건
아니겠지만

하야시 겐토는 여자친구와의 5년간의 연애를 끝내기로 했다.
그동안 사소한 의견 충돌로 여러 차례 다툰 적은 있지만 이렇게
완전히 결별하기로 마음먹은 적은 처음이었다.
그녀에게는 한 가지 단점이 있었다. 너무 비판적이고 부정적인
것이 문제였다. 그녀는 '절대 안 돼', '할 수 없어', '그럴 수밖에……'
같은 말을 입에 달고 살았다. 그렇게 부정적이고 소극적인 언어
습관이 몸에 익게 되면 사고방식이나 생활 태도도 자꾸 어두운
면을 보게 된다. 그녀를 보면 이런 얘기가 헛말이 아니라는 걸 알
수 있었다.

그녀와 다툼이 생기는 것은 어떤 문제를 놓고 정반대 의견으로
인한 언쟁이 대부분이었다. 그녀는 어느 모로 보나 평균 이상의
생활 수준을 유지하는 능력 있는 사회인이면서도 매사를 너무
비관적으로 보고, 판단했다.
사람이 사회 현상에 대해 비판적인 게 문제될 것은 없다. 그러나
그것이 도를 넘어서 상대방의 의견을 전적으로 무시하고 자기
생각만 옳다고 고집한다면 문제가 심각해진다.

한 번은 어떤 영화를 함께 본 후에 작품 이야기를 하게 되었다.
그는 작품의 우수성을 이야기하며 배우들의 연기도 최고라고 말을

했다. 그냥 그렇게 느낌을 이야기했을 뿐인데, 그녀는 정색을 했다.
"무슨 말이야? 저렇게 형편없는 작품을 보고 칭찬을 하다니, 영화
보는 눈이 그렇게 없어?"

그 다음은 말하고 싶지 않다. 매사가 이런 식이었다. 자기 생각만
옳고 타인의 생각은 형편없다는 식으로 단정해버리는 언어
습관으로 상처받은 적이 한두 번이 아니었다. 그러다 문득 이런
생각을 하게 되었다. 내가 그녀에게 그렇게 만만해 보이는 것일까?

그런 감정이 켜켜이 쌓였던 것 같다. 언젠가부터 그녀와 싸우지
않으려고 생각 자체를 말하지 않게 되었고, 그렇게 지내다 보니
사랑하는 마음대신 무관심과 비호감이 싹트게 되었다.
그녀가 나를 만만하게 보는 건 아닐 것이다. 그러나 그런 식의 언어
습관과 태도가 사라지지 않는 한 다툼은 계속될 것이다.
그런 사랑은 너무 피곤하지 않겠는가? 이것이 그녀와 결별을
결심한 가장 큰 이유였다.

어느 만능 스포츠맨의 하루

대기업 통신회사에 다니는 키에타 겐지는 얼마 전에 '철인 3종 경기'에 출전했다. 한 선수가 수영, 사이클, 마라톤 이렇게 세 종목을 연이어 실행하는 이 스포츠는 트라이애슬론이라 불리는 올림픽 정식 종목이다.

보통 철인 3종 경기는 수영, 사이클, 마라톤의 개별적인 종목을 섭렵한 후에 자신의 한계를 뛰어넘기 위해 시도하는 경우가 많다. 그도 그런 사람인데, 바이크 동호회의 회원으로 활동하면서 이전에 마라톤 풀코스를 여러 차례 완주한 경험도 있었다.

그런가 하면 그는 회사 직원들끼리 조직한 야구팀에서 투수로 뛰고 있고 그밖에도 축구, 배구, 농구 등 구기 종목에 두루 취미가 있어서 어디서 부르기만 하면 당장 달려가 실력 발휘를 하는 만능 스포츠맨이다.

그를 아는 사람들은 그를 가리켜 자기 몸에 극심하게 자극을 주지 않으면 견디지 못하는 사람이라며 뒷말을 하지만, 사실은 그가 자기관리에 철저한 사람이라는 걸 알기에 섣불리 말하지 않는다.

그는 얼마 전에 팀장으로 승진해서 12명의 팀원들을 지휘하게 되었다. 무슨 얘기냐 하면, 그는 운동에 열정적인 것만큼이나 자기가 맡은 업무에 최고의 실력을 보이고 있고, 이를 회사로부터 인정받았다는 뜻이다.

어떻게 그럴 수 있을까? 그는 사실 하루 24시간을 촘촘히
배분해서 사용하는 시간 관리의 달인이었다. 운동은 체력 단련을
위해 자투리 시간을 이용하는 것뿐이다. 그는 혼자 독학한 중국어
실력이 웬만한 대화를 나눌 수 있을 정도가 되어 얼마 전에는 중국
거래처와 상담을 위해 베이징으로 출장을 다녀오기도 했다.

그는 자기에게 주어진 시간을 허투루 쓰는 법 없이 단 1분이라도
충실하게 보내려고 노력하는 사람이었다. 동료들은 그렇게
자기 삶의 모든 부분에 치열하게 살아가는 그를 경외의 눈으로
바라보았다.

젊은 날의 시간은 어느 때보다도 빨리 지나간다. 이 시기에 자기
나름의 목표를 세우고 삶을 꽉 채우지 않으면 나중에 큰 후회가
몰려온다. 그렇기에 키에타 겐지는 지금 할 수 있는 모든 것을
최선을 다해 실행하는 하루하루를 살고 있었다.

담배 끝을 씹는 사람에게
큰일을 맡기지 마라

볼펜이나 담배의 끝부분, 또 빨대 끝 등을 보면 그 사람의 성격을 파악할 수 있다. 볼펜의 끝을 잘근잘근 씹는 사람들이 있다. 마찬가지로 담배꽁초를 보면 필터 부분에 씹은 흔적이 남아 있는 사람들이 있다. 그들은 대체 어떤 성격일까?

영국 엑시터대학 심리학 연구팀의 조사에 따르면, 그들은 부정적인 성격이 강하다고 한다. 연구팀은 600명이 넘는 사람들을 대상으로 연필이나 담배 끝 등을 씹는 버릇이 있는 사람들을 조사하면서, 동시에 그가 비관주의인지도 알아보는 테스트를 받게 했다. 그 결과 **연필이나 담배 끝을 씹는 습관이 있는 사람들이 평범한 사람들보다 2배나 비관주의에 관한 테스트 점수가 높았다.**

"이 프로젝트는 잘 안 될 것 같아."

"어차피 열심히 일해도 월급은 오르지 않을 테니 대충 일하자!"

만만하게 보이지 않는 첫인상

"나는 오래 못 살지도 몰라."

"나는 아무리 노력해도 제자리걸음이야."

이렇게 항상 부정적이고 비관적인 입장에서 말하는 사람들은 연필, 볼펜, 담배 끝을 잘 씹는다는 얘기다. 심지어 어른이 되어서도 손톱 끝을 물어뜯는 사람들이 의외로 많다.

일에서든 인생에서든 성공하고 싶다면 미지의 세계에 대한 희망을 품고 낙관적인 자세로 살아갈 필요가 있다. 반대로 말하자면 낙관적이지 않으면 잘 풀리게 될 일도 결국 안 풀리게 된다는 뜻이다.

따라서 만약 새로운 계획을 세우기 위해 리더를 정하거나 팀원을 선정할 경우에는 볼펜 끝이나 담배의 필터를 씹는 사람은 적당하지 않다고 판단하는 편이 좋다. 비관적인 사람은 아무리 소소한 일을 맡겨도 최악의 결과를 먼저 생각하기에 실패할 확률이 높기 때문이다.

비관적인 사람인지 어떤지는 그 사람의 말버릇을 통해서도 알 수 있다. 그들은 입만 열면 안 된다, 할 수 없다, 틀렸다 등등 부정적인 말을 내뱉는다. 그만큼 마음속에 불만이 쌓여 있는 것이라고 볼 수 있는데, 왜 자기 힘으로 당당하게 타개

할 생각을 하지 않고 환경과 조건만을 탓하는 것일까?

반면에 낙관적인 사람은 주어진 조건에 별로 스트레스를 느끼지 않고 살아간다. 자기 앞에 도랑이 있으면 뛰어넘을 생각을 하고, 장애물이 있으면 걷어찰 생각을 한다. 그러니 그들은 볼펜 끝을 씹으면서 욕구불만을 해소할 필요가 없다.

비관적인 사람은 담배나 볼펜 끝을 씹지 않으면, 다시 말해서 그렇게라도 하지 않으면 마음속의 불만이나 억울함을 풀 수가 없다. 평상시에도 그들은 무의식적으로 마음속 응어리를 해소할 방법을 찾을 것이다.

이상한 일은 성격이 비관적이었다가 낙관적으로 바뀌면 펜이나 담배의 필터를 씹는 버릇도 사라진다는 점이다. 주위 사람들은 물론이고 당신에게도 이런 성격 변화가 있는지 살펴보는 것도 재미있는 일일 것이다.

Point

연필이나 담배의 끝 부분을 씹는 습관이 있는 사람들은 마음속의 욕구불만 때문에 비관적인 경향이 크다.

만만하게 보이지 않는 첫인상

뚱뚱한 사람을
싫어하는 사람의 성격

"뚱뚱한 사람은 업무 능력이 떨어진다."

"뚱뚱한 사람은 자신조차 컨트롤할 수 없는 경우가 많다."

"뚱뚱한 사람에게 중요한 일을 맡길 수 없다."

"자신의 체중을 컨트롤할 수 없는 사람은 인생의 낙오자다."

"뚱뚱한 사람은 무척 게으르다."

뚱뚱한 사람들에 대해 이런 편견을 가진 사람들이 있다. 미국 예일대학 심리학 연구팀은 1,000명 이상의 사람들을 대상으로 조사한 결과, 비만인 사람에 대해 엄격한 잣대를 휘두르는 사람일수록 보수적인 가치관을 가지고 있다는 사실을 밝혀냈다.

연구팀에 의하면, **뚱뚱한 사람을 혐오하는 이들은 정치적으로는 보수적이며 인종차별적인 생각을 가지고 있고, 전통적인 방식의 결혼제도를 중시하는 타입이라고 한다.** 간단히 말해서 '낡은 사고방식'을 가진 사람들이라는 것이다.

이들은 새로운 것에 대해 생리적으로 반감을 가진다. 예를 들어 비만인 사람들에 대해 편견을 가진 경영자에게 조언을 할 때는 미래 전망보다는 과거 사례를 말하는 게 좋다.

"요즘 미국 경제계에서 유행하는 새로운 경영 이념은……."

이처럼 새로운 현상에 대해 말하면 그에게 잘 먹히지 않을 것이다. 반면에 이렇게 말하면 받아들여질 확률이 높다.

"과거 유럽의 상인 계급 중에는 이런 조합이 있었다고 합니다."

"10년 전에 이런 방식으로 마케팅을 해서 크게 성공한 사례가 있습니다만……."

미래의 일은 눈에 보이지 않아 신뢰할 수 없지만 과거의 일은 확인이 가능하니 믿을 수 있고, 이미 실적으로 검증된 것이니 거부감이 없다.

사람을 보고 그에게 맞는 조언을 하라는 말도 있듯이, 상대방이 받아들이지 않을 게 분명한데 필사적으로 납득시키려 한들 받아들여질 리가 없다. 따라서 상대방이 받아들일 만한 형태로 바꿔서 표현하는 것도 설득의 방법이다.

뚱뚱한 사람과는 절대로 결혼하고 싶지 않다고 말하는 여성이 있다면, 그녀는 보수적인 가치관을 가졌다고 보면 된다. 그런 여성에게 뚱뚱하더라도 성격이 좋은 사람이 많으니 세상을 넓게 보라고 말한들 귓등으로도 듣지 않을 것이다.

그렇게 보수적인 여성들에게는 이렇게 말해주는 게 좋다. "맞아! 역시 남자답고 건강한 것이 제일이야!"

이렇게 그녀의 생각을 지지해주듯이 말하면 기뻐할 것이다. 상대방의 가치관과 어울리지 않는 말을 해서 미움을 받기보다 그가 받아들이기 쉽도록 배려하는 마음으로 말해주는 것도 원만한 인간관계의 비결이라고 할 수 있겠다.

Point

뚱뚱한 사람을 혐오하는 이들은 새로운 생각이나 트렌드를 좋아하지 않는다는 점에서 공통점이 있다.

아침형 인간은
최고의 사업 파트너

사람에 따라 이른 아침 시간대에 컨디션이 제일 좋다고 느끼는 '아침형 인간'과 늦은 저녁이 되어야 비로소 컨디션이 좋아진다는 '저녁형 인간'이 있다.

그런데 아침에 강한 사람들에게 공통적으로 나타나는 뚜렷한 특징이 하나 있다. 그것은 시간 낭비를 싫어한다는 점이다. 그들은 시간이 아깝다는 말을 버릇처럼 내뱉는다. 그래서 아주 조금의 시간 낭비라도 절대 허용하지 않는다.

왜냐하면 그들은 다른 사람들이 아직 잠을 자고 있는 시간에 이미 활동을 개시할 정도로 왕성한 기력을 가진 사람들인 만큼 시간을 지극히 소중히 여기기 때문이다.

미국 미시건주립대학 심리학 연구팀이 500명의 아침형 인간들을 대상으로 연구해보니, 그들 중에는 성격이 급한 타입이 대부분이어서 시간 낭비를 매우 싫어한다는 사실을 밝혀냈다. 연구팀은 이렇게 말했다.

만만하게 보이지 않는 첫인상

"그렇기 때문에 아침형 인간들은 무슨 일이든 재빠르게 앞장서서 처리해주는 행동을 보여주면 기뻐한다."

따라서 **아침형 인간과 약속을 할 때는 1분이라도 지각을 해서는 안 된다.** 약속 시간이 오후 1시라면 적어도 12시 50분에는 이미 약속 장소에 도착해 있는 편이 좋다. 10분이나 일찍 가서 무의미하게 시간을 보내란 말이냐고 묻는다면, 그건 아니라고 대답하겠다. 왜냐하면 아침형 인간은 이미 그 시간에 와 있을 게 분명하니 말이다.

아침형 인간들은 대개 5분 전에 미리 행동하는 것을 기본으로 한다. 게다가 단 몇 초라도 기다리게 만들면 불쾌한 기분에 빠질 수 있기 때문에 차라리 내 쪽에서 먼저 기다려주는 편이 그 후 일의 진행에서 어려움이 없을 것이다.

특히 아침형 인간과 업무적으로 지켜야 하는 기한을 약속했다면 각별히 주의해야 한다. 가령 "이번 주에 상품 샘플을 보내겠습니다"라고 말했다면, 그는 분명 금요일 오후는 너무 늦다고 생각할 것이다.

금요일 오후도 확실히 '이번 주'가 분명하지만 아침형 인간들은 그렇게까지 기다릴 수가 없다. 아무리 늦어도 목요일까지는 반드시 도착해 있지 않으면 안 된다고 생각한다. 그

정도로 아침형 인간은 성격이 급한 편이다.

그렇기에 아침형 인간과 약속을 할 때는 상당한 여유를
갖도록 해야 한다. 예를 들어 납품까지 2주 정도가 걸린다고
생각되면 3주 정도 시간이 필요하다고 말해두는 편이 좋다.

그들은 약속을 한 뒤에 시간을 지키지 않는 것을 몹시 불
쾌하게 여기기 때문에 아슬아슬하게 예정 시간을 짜는 것은
좋지 않다. 비즈니스 현장에서 이런 일은 자주 일어나니 꼭
유념하기 바란다.

만만하게 보이지 않는 첫인상

그러나 아침형 인간은 타인에게만 시간을 지키도록 엄격하게 구는 게 아니라 자신의 시간관리에도 철저하기 때문에 확실하게 약속을 지키는 그들이야말로 업무 파트너로 매우 훌륭하다고 볼 수 있다.

만약 아침 5시쯤부터 하루를 시작할 정도로 A급 아침형 인간이라면 시간관념에 상당히 엄격할 뿐더러 업무 면에서도 신속하게 처리하는 타입이라고 볼 수 있으니, 그런 사람과 거래하면 절대 손해 보는 일은 없을 것이다.

> 아침형 인간은 시간관념이 엄격하고 신속하게 일을 처리하기에 이들과 거래하면 절대 손해 보는 일이 없을 것이다.

Point

과거 이야기에
상대방의 모습을 투영시켜라

"당신은 걸핏하면 화를 내는 편입니까?"

이렇게 질문하면 상대는 좀처럼 솔직하게 대답하지 않을 것이다. 하지만 이렇게 물어보면 어떨까?

"어렸을 때, 당신은 말썽꾸러기였습니까?"

그러면 그는 자신이 갖고 있는 본연의 성격에 대해 의외로 술술 말하게 된다.

"음, 그러고 보니 골목대장이었던 것 같네요."

"그때 어떤 모습이었나요?"

"말도 마세요, 말썽꾸러기로 소문난 아이였답니다."

우리는 현재의 자기 모습에 대해 이야기하는 것은 꺼려하면서도 오래전의 자신에 대해서는 별로 부끄러움을 느끼지 않는다. 그렇기 때문에 자신도 모르게 본연의 모습을 표출해버리는 경향이 있다. 따라서 상대방이 어떠한 성격이었는지에 대한 정보를 알려면 오래전의 모습, 예를 들어 초등학교 때의 모습을 묻는 방식을 취하는 게 의외로 큰 도움이 된다. 그러면 상대방은 경계 태세를 풀고 편하게 이야기를 할 것이다.

인간의 성격이나 인간성은 그리 쉽게 바뀌지 않는 편이다. 그렇기 때문에 어린 시절에 대해 이야기를 시켜 보면 지금의 성격을 어느 정도까지는 측정할 수 있다.

어린 시절에 소극적이었던 사람은 어른이 되어서도 역시 소극적인 부분이 남아 있고, 수다스러웠던 사람은 지금도 여전히 수다스러운 부분이 적지 않다. 만약 어릴 때와 지금이 다르다면 스스로 왜 달라졌는지, 무엇이 달라졌는지를 밝히게 될지도 모른다.

핀란드 헬싱키대학 심리학 연구팀은 632명을 대상으로 그들이 12살 때, 18살 때, 33살 때마다 똑같은 내용의 심리 테스트를 해서 일관된 성격을 보이고 있는지, 아니면 변화했는지를 조사해보았다. 그 결과, 성격은 크게 바뀌지 않는다고 판명되었다.

12살 때 자기혐오가 강했던 사람은 18살이 되어서도 33살이 되어서도 역시 자기혐오가 강했고, 12살 때 비관적이었던 사람은 18살이 되든 33살이 되든 역시 비관적이었다. 이 연구는 21년에 걸친 추적 조사였는데, 그만큼의 시간이 경과해도 성격에 그다지 큰 변화가 없었다는 사실을 보여준다. 어린 시절의 모습이 현재 시점에 상당 부분 그대로 투영된다는 얘기다.

나는 심리학 강의를 하거나 상담을 진행할 때 세상을 살아가는 이야기를 하자며 사람들에게 자주 옛날 일을 추억하도록 만드는 경우가 꽤 많다. 그러다 보면 가령 아이 때 덤벙대는 성격이었던 사람은 어른이 되어서도 여전히 덤벙거리는 경향이 있다는 걸 알게 된다.

사람은 누구나 자신의 현재에 대해 물어보면 입이 무거워진다. 아마도 타인에게 자신의 속내를 들키지 않으려는 경계심이 발동하는 것이라고 할 수 있다. 하지만 과거로 주제가 돌아가면, 그것이 먼 옛날의 이야기일수록 긴장은 풀리고 입은 오히려 가벼워진다. 이 원칙을 비즈니스 거래 상담에 적극 활용해보기 바란다.

우리는 예전의 자기 모습에 대해서는 별로 부끄러움을 느끼지 않는다. 지난날의 추억 이야기를 나누다 보면 본연의 모습을 발견할 수 있다는 뜻이다.

Point

일을 잘하는 사람은
답장이 빠르다

메일의 답장 속도에 주목하면 그 사람의 성격을 파악할 수 있다. 예를 들어 메일을 보냈을 때 즉시 답장을 주는 사람도 있지만 메일함을 들여다보지 않거나 열어 보고서도 성의가 없는 것인지 답장을 보내는 데 며칠이나 걸리는 사람이 있다.

메일의 답장이 빠른 사람은 자신감과 결단력이 있다고 볼수 있고, 그런 만큼 일을 잘하는 편이라고 할 수 있다. 이와는 반대로, 답장에 시간이 걸리는 사람은 우유부단하고 일을 제대로 못하는 경우가 많다. 자신은 메일의 답장은 느릴지 몰라도 결단력도 있고 추진력도 뛰어나다고 대답할 사람도 있겠지만, 상대방 입장에서는 결코 그렇게 생각하지 않는다.

"벌써 답장을 해주다니, 정말 빠르다……."
이렇게 느낄 만한 사람, 다시 말해서 즉각적으로 반응해주는 사람일수록 같이 일하기가 편하다. 특히나 비즈니스 관계에서 빠르고 정확한 피드백은 업무를 진행해나가는 데 매우 중요하다.

반대로 답장까지 사흘이든 나흘이든 걸리는 사람은 일의 속도가 늦어서 업무를 원활하게 진행하는 데 있어 일하기가 불편하다. 당신은 어떤 편인지 돌아보기 바란다.

메일만이 아니다. 반응이 빠른 사람과 늦은 사람에게는 명확한 성격 차이가 보인다고 할 수 있다. 캐나다 브리티시 콜롬비아대학의 캠벨(Cambell J. D.) 교수는 25개 항목을 연달아서 질문하고 재빨리 대답하도록 하는 실험을 했다.

그 결과 자신감 있는 사람일수록 대답할 때까지의 반응 속도가 빨랐다. 업무를 진행하면서 재빠르게 대응하는 사람은 깔끔하게 업무 처리를 하는 편이기에 일을 잘하는 사람이라고 믿어도 좋다. 만약 거래 관계의 초기 단계에 이런 인상을 준다면 신뢰감이 급상승하여 여러 모로 유리할 것이다.

"어떻게 하지? 언제 답장하는 게 좋을까?"
"지금은 바쁘니 조금 있다가 답장하자."
이렇게 생각하며 행동하는 데까지 시간이 오래 걸리는 사람은 대개 자신의 판단력에 대해 자신감이 없기 때문에 매사에 우유부단하다. 거래처에 이런 인상을 준다면 신뢰감이 급속히 추락하게 될 것이다.

　문의하는 메일에 대해 결론을 낼 때까지 시간이 많이 걸릴 것 같다면 답장이 빠른 사람은 이렇게 답할 것이다.

　"결론을 내려면 다음 주까지 가야 할 것 같습니다. 우선 연락드리니 참고하시기 바랍니다."

　이렇게 메일을 확실히 받았다고 안심시키는 확인 메일을 재빨리 보내면 상대방은 안심하고 그때까지 기다려줄 것이다. 이렇게 그 사람의 업무 능력을 메일의 답장 속도로 알 수 있다. 따라서 답장이 빠를수록 일을 잘하는 사람이라고 생각해도 문제가 없고, 그 사람에 대한 호감까지 상승한다고 할 수 있겠다.

> 메일의 답장이 빠른 사람은 업무에 대해 자신감과 결단력이 있고 리더십까지 있어서 일을 잘하는 사람이라고 봐도 무방하다.

Point

사적인 메일도
몹시 사무적인 사람의 성격

비즈니스 메일의 경우에는 사적인 메일이나 문자와 달리 업무 내용에 관한 것만 간단히 적어보내는 게 보통이다. 업무에 반드시 필요한 정보가 아닌 한 가급적 사적인 내용은 보내지 않는 편이 낫다고 생각하는 것이다.

하지만 너무 사무적인 메일은 상대방과 친밀해질 수 있는 가능성을 막는 것도 사실이기에 업무 내용 이외에 자신의 근황이나 사적인 정보를 메일에 덧붙이는 사람들도 많이 있다.

비즈니스 메일이라 해도 자기 자신에 관한 정보를 넣어서 보내는 사람은 상대방에 대해서 호의를 느끼고 있다고 봐도 무방하다. 좀 더 친해지고 싶다, 가까워지고 싶다고 생각하기 때문에 일부러 사적인 이야기를 써 보내는 것이다.

만약 상대방과 업무적으로만 알고 지내면 그만이라고 여긴다면 자신의 개인적인 정보를 메일에 담을 리가 없다. 그런 경우라면 아마 당신과의 관계가 일시적인 것이니 앞으로 관계를 이어가지 않아도 무방하다.

"업무 이야기와는 상관없는 일이지만, 며칠 전에 온천에 갔다왔습니다. 풍경이 멋진 곳이라서 매우 감동을 받았습니다. ×× 씨는 휴일을 어떻게 보내셨습니까?"

이런 식의 사적인 내용이 들어 있다면 당신에게 호감이 있다는 증거다. 비즈니스 메일인데 너무 허물없는 내용이 아닌가 하고 생각할 수도 있겠지만, **적어도 한 문장이라도 자신의 근황이 들어 있다면, 그것은 상대방에 대한 관심도를 나타내는 사인이니 적절하게 호응의 뜻을 전하는 것이 좋다.**

캐나다에 있는 브리티시컬럼비아대학 심리학과 멜레쉬코(Meleshko, K. G. M.) 교수에 의하면, 인간관계에 적극적이지 않은 사람은 자기 자신에 대해 별로 이야기하지 않지만, 반대로 적극적인 사람일수록 사적인 부분에 대해 터놓고 말하는 경향이 있다고 한다. 따라서 상대방이 얼마만큼 당신과의 관계에 적극적인지 알고 싶다면 그런 점을 주목하면 된다.

반대로 상대방으로부터 관심을 받고 싶으면, 비즈니스 메일이라고 하더라도 처음 인사나 맺음말에 사적인 정보를 넣는 것도 나쁘지 않다. 내가 먼저 편하게 사적인 정보를 말해 주는 만큼 상대방도 안심하게 되어 자신에 대해 하나둘 털어놓게 되고 점점 친밀하게 지낼 수 있다.

나는 원래 온통 사무적인 메일은 좋아하지 않아서 예의를 지키는 선에서 될 수 있는 한 허물없는 내용의 메일을 보내려고 노력한다. '몹시 친근감이 드는 사람'이라는 이미지를 상대방에게 심는 전략을 나름 열심히 실천해온 셈이다.

사람들을 만나도 좀처럼 친해질 수 없다든가 아무리 노력해도 인맥이 안 쌓인다든가 하는 사업가는 그 원인의 하나로 '메일이 너무 사무적'일 가능성이 있다. 친구나 애인에게 보내는 메일처럼 지나치게 허물이 없으면 안 되겠지만, 나름 가볍고 유쾌하게 받아들일 만한 내용을 담지 않는다면 좀처럼 상대방과의 관계는 진전되지 않을 것이다.

> **Point**
> 상대방과 친밀한 관계로 진전되고 싶다면 비즈니스 메일에 사적인 내용을 더해 보자.

만만하게 보이지 않는 첫인상

연락의 빈도와 문장의 양으로
관계의 깊이를 확인한다

메일의 내용만이 아니라 그 빈도에 대해서 주목해도 관계의 깊이를 알 수 있다. 예를 들어, 반년에 한 번 정도밖에 메일을 보내지 않는 사람과 일주일에 한 번은 반드시 메일을 보내는 사람이 있다면, 후자 쪽이 당신과의 관계를 훨씬 깊게 여기는 것이다.

특별한 용무가 없어도 상대방과 더 친해지고 싶다고 생각한다면 분명 자주 연락할 것이다. 따라서 용무가 없을 때 외에는 전혀 메일을 주고받지 않는다면, 안타깝게도 그 사람은 당신을 그저 사무적인 관계 정도로 선을 그어 생각하기에 그만큼 밀접한 관계로 발전하지 않을 것이다.

나와 친하게 지내는 어느 출판사의 편집자는 업무 외에도 내게 자주 메일을 보낸다.

"우연히 동네 책방에서 작가님의 신간들이 진열되어 있는 것을 발견했습니다. 역시 인기 있는 작가님은 다르십니다."

메일의 내용은 물론이고 빈도가 나에 대한 호의를 드러내는 것이기에 나도 기쁠 수밖에 없다.

미국 텍사스대학의 야르벤파(Jarvenpaa S. L.) 교수는 세계 28개국의 대학생들을 그룹으로 나누어 인터넷상에서 '새로운 서비스 사업'을 기획한다는 명목 아래 4주간 프로젝트를 실행해본 적이 있다.

이 프로젝트에 관한 모든 대화는 메일로 이루어졌는데, 멤버들과 친밀감을 느끼는 그룹은 프로젝트 기간 동안에 평균 166회의 메일을 주고받았다. 반면에 멤버 간의 사이가 별로 좋지 않는 그룹일수록 4주 동안 주고받은 메일 횟수가 평균 89회로 적었다.

야르벤파 교수는 메일에서 '문장의 양'도 조사했는데, 그 결과 서로 그다지 호감을 가지고 있지 않은 그룹에서는 '알겠다', '빨리 부탁한다'와 같이 상당히 짧은 문장을 보냈지만 서로 호감을 가지고 있는 그룹에서는 문장이 길었다.

만약 상대방으로부터 연락의 빈도가 적고, 게다가 그 내용까지 짧다면 당신은 상대방으로부터 그다지 호감을 얻지 못하고 있는 것이다. 따라서 상대방에게 조금 더 다가가지 않으면 그 관계는 그저그런 상태로 끝날 것이다.

메일은 매우 편리한 소통의 도구다. 상대방과의 관계를 유지하는 것도, 발전시키는 것도 어떻게 메일을 이용하느냐에 따라 완전히 달라진다. **만약 상대방과 허물없는 관계가 되고 싶다면 적극적으로 메일을 활용해보기 바란다. 이때의 포인트는 빈도와 문장의 양임을 잊지 말자.**

친해지고 싶은 상대에게는 자주 메일을 보내자. 메일의 주고받는 빈도 그 자체가 관계의 깊이를 드러내는 것이다.

Point

취미에 몰두하는 사람은
일에서도 열정적일까?

~~~~~~~~~

이력서에 취미를 쓰는 공간이 있다. 왜 취미를 묻는지 알고 있는가? 취미의 내용으로 그 사람을 판단하려고 하는 거라고 생각할지 모르지만, 사실은 그렇지 않다.

취미의 내용 자체는 사람을 판단함에 있어 별로 유용한 실마리가 되지 않는다. 나이가 어린데 의외로 취미가 '분재'라고 밝힌다면 '젊은 사람이 꽤나 성숙한 취미를 가지고 있군' 하고 생각하는 정도다.

인사 담당자가 면접에서 취미를 묻는 이유는, 사실은 그 내용이 아니라 얼마나 눈을 반짝거리면서 자신의 취미에 대해 말하고 있는지, 그러한 열정을 보기 위해서다.

어떤 취미든 그것에 전력으로 몰두하는 사람은 다른 이들에게 열정적으로 설명한다. 인사 담당자는 그 순간의 뜨거워지는 태도를 평가하는 것이다. **전력으로 자신의 취미에 몰두하는 사람일수록 일에도 열정적으로 임한다는 사실을 경험으**

로 알고 있다.

미국 예일대학 심리학 연구팀은 그 사람의 취미가 음악, 스포츠, 봉사 등 그 무엇이든 진지하게 임하는 사람일수록 일이나 공부에도 진지하게 임하는 경향이 있다고 설명한다.

"나는 그다지 취미라고 할 만한 게 없어서……."

"마라톤을 조금 해봤지만 빠져들 정도로 하지는 않았어."

이렇게 말하는 사람들은 일에 대한 자세도 아마 그만큼 전력을 다하지 못하고 흐지부지한 태도를 보일 가능성이 높

다. 따라서 인사 담당자는 그런 사람을 채용하지 않으려 할 것이다.

면접에 합격하는 비법의 하나는 자신의 취미에 대해 열정적으로 설명하는 것이다. 면접관이 취미가 무엇이냐고 물으면 눈을 반짝거리며 이렇게 대답하자.

"제 취미는 정원 가꾸기입니다! 중학교 때부터 식물을 길러왔는데 정말 재미있습니다. 정원 가꾸기의 매력은……."

이런 식으로 마치 어린아이처럼 흥분한 얼굴로 대답할수록 면접관의 마음은 열릴 것이다. 면접관이 웃으면서 '이제 그만하셔도 됩니다!'라고 할 만큼 열정적으로 떠들었다면 당신은 충분히 해낸 것이다.

일에서도, 공부에서도 어떤 일에 전심전력을 다한다는 것은 멋진 일이다. 그런 사람은 일을 맡겨도 중간에 손을 놔버릴 리가 없을 것이고, 당신에게 뭔가를 기대하는 사람은 바로 이런 점을 눈여겨본다.

아무런 취미도 없이 그저 그렇게 심심한 삶을 이어가는 사람은 무슨 일을 하든 뜨겁지 않은 심심한 자세를 취할 가능성이 높다. 반면에 무엇 하나에 외골수 같은 열정을 쏟는 사람은 다른 대상에 대해서도 그런 자세로 임하게 된다.

그런 부분을 판단하기 위해서는 상대방의 취미를 말하게 하는 것이 제일 빠른 방법이다. 당신은 열정적으로 설명할 만한 취미가 있는가? 만약 아직 그렇지 못하다면 당장 취미가 될 만한 무엇을 찾아보기 바란다.

취업 면접에서 취미를 묻는 상황을 가볍게 생각하지 마라. 면접관은 무엇인가에 전력을 다하는 당신의 끈기와 열정을 눈여겨본다.

Point

독단적인 리더가 이끄는 회사일수록
매출이 오른다

심리학적인 관점에서 보면, 개인의 문제를 넘어서 회사나 조직의 성장이나 쇠락에 대해서도 어느 정도 예측할 수 있다. 그런 면에서 성장하는 회사를 판별할 수 있는 하나의 방법을 소개하겠다.

이때의 포인트는 리더, 즉 경영자에 있다. 두 말할 필요 없이 회사는 리더가 이끄는 것이므로 회사의 운명을 쥐고 있는 사람 또한 리더다. 그렇기 때문에 리더의 모습을 보면 '이 회사는 성장하겠군!'이라든가 '이 회사는 매출이 그리 좋지 않겠는데!'라는 예상이 가능해진다.

그렇다면 어떤 모습의 리더가 회사를 성장시킬까? 여러 가지 측정 방법이 있겠지만 그중 하나는 리더가 독단적인지 아닌지로 판단할 수 있다.

강력한 리더십을 발휘하면서 직원들을 강하게 밀어붙이는 리더일수록 그 회사는 성장한다. 반대로 사내 분위기를 중시하며 민주적으로 이끄는 리더가 있는 회사는 오히려 큰 이익을 내지 못할 확률이 높다.

미국 조지아공과대학 경영학 연구팀은 월스트리트 저널에 소개된 33,248건의 기업들을 다룬 기사를 분석한 결과 리더가 강력할수록 회사의 이익이 오른다는 결론을 얻어냈다. 특히 리더의 힘이 막강한 회사의 연간 성장률은 10.37%로 그렇지 않은 회사보다 두 배 이상에 이르렀다.

기업이나 사회단체에서 '독단'이란 말은 대체로 나쁜 인상을 준다. 모두의 의견에 세심하게 귀를 잘 기울이는 민주적인 리더를 좋아하고, 그러면 회사에 자발적인 참여 분위기가 조성되며 더 성장할 것 같은 느낌이 들기도 한다.

그러나 이는 엄청난 오해다. 진짜 성장하는 회사는 리더가 최강의 카리스마로 직원들을 이끄는 곳이다. 비즈니스 세계에서는 모두의 의견을 귀담아들을 수가 없다. 열정과 혁신을 무기로 일하게 만들기 위해서는 어쩔 수 없이 독단적으로 통솔하지 않으면 안 될 때가 많다.

이것은 세계 경제계를 주무르는 CEO들이 한결같이 하는 말이다. 여기서 주의할 점은, 그들이 무조건 자기 고집대로

경영하는 것은 아니라는 점이다. 그들도 주변의 의견을 귀담아듣고, 참모들의 생각을 경영에 최대한 반영한다. 그들이 다른 점은 이런 과정을 거쳐서 결정된 사항에 대해서는 앞뒤 돌아보지 않고 돌격한다는 것이다.

기업사회를 들여다보면 이런 이야기가 사실이라는 걸 알 수 있다. 대부분의 대기업 CEO들이 독단의 리더십으로 기업을 이끌고 있지만, 여기서는 대표적으로 애플의 스티브 잡스 이야기를 하고 싶다.

그는 젊어서는 마약에 빠지는 등 괴짜로 유명했고, 경영자가 되어서는 어떤 결정을 했다면 끝장을 볼 때까지 밀어붙이는 막상 카리스마의 고집불통이었다. 젊은이들에게 '항상 갈

망하고, 끝없이 무모하라!'고 말했던 그에게 사실 그런 독단과 외고집의 외골수 정신이 없었다면 오늘의 애플은 존재하지 않을 것이다. 그가 스탠포드대학 졸업식에서 행한 연설은 그의 성격을 그대로 보여준다.

"시간은 한정돼 있습니다. 타인의 삶을 사느라 시간 낭비를 하지 마십시오. 타인의 생각에 따라 살거나 타인의 신조에 빠지지 마십시오. 타인의 의견에서 비롯된 소음이 여러분 내면의 소리를 방해하지 못하게 하십시오. 가장 중요한 것은 여러분의 마음과 직관을 따르는 용기입니다."

나는 주식 투자를 하지 않기에 잘 모르지만 만약 어딘가의 주식을 사야 한다면 경영자에게 독단적인 리더십이 있는지, 강력한 카리스마로 직원들을 이끄는지를 살펴보겠다. 그런 리더가 있는 회사는 심리학적 측면에서 볼 때 경영과 실적 등 모든 면에서 성장 확률이 제일 높기 때문이다.

리더가 독단적일수록 회사는 성장한다. 주식을 산다면 리더가 강력한 리더십을 발휘하는지를 알아보라.

Point

물건을 만지작거리는
버릇이 있는 사람의 성격

누군가에게 어떤 안건에 찬성하느냐고 물으면, 사실은 찬성하고 있는데도 반대라고 답하는 사람들이 꼭 있다. 예를 들어 노래방에 함께 가자고 권하면 마음으로는 가고 싶어 하면서 일단 머리부터 흔든다. 이런 사람을 어떻게 상대하면 좋을까?

이런 사람들은 무엇이든지 반발하지 않으면 속이 편치 않은 타입으로, 미국 앨라배마대학 심리학 연구팀의 조사에 따르면 이들에게는 물건을 만지작거리는 습관이 있다고 한다. 따라서 그런 행동을 하는지 주목하면 그에게 반발하는 경향이 있는지를 알 수 있다.

평소에 휴대전화를 만지작거리거나 볼펜을 빙글빙글 돌리거나 라이터를 찰칵거리는 등 어떤 물건을 끊임없이 만지작거리는 사람은 반발심이 강한 청개구리 같은 타입이라고 보면 된다.

이런 사람들은 아무리 'Yes'인 상황에도 'No'라고 말하는 게 입버릇이 되어 어떤 문제를 제안할 때는 2~3회 정도는 더 권유를 하는 게 좋다. 예를 들어 노래방에 가자고 권유했는데 거절을 당하면 이렇게 말해보라.

"그러지 말고 같이 갑시다. ×× 씨가 함께 가지 않으면 모두들 재미없어 해요."

이렇게 두세 번 반복해서 권하면 못 이기는 체하며 승낙할 것이다.

또 이런 타입들은 함께 식사하는 자리에서 특별히 어떤 요리를 권하면 괜찮다며 거절할 확률이 높다. 이럴 때는 가만히 기다려 주면 된다. 권하지 않는다면 오히려 자연스레 잘 먹을 것이기 때문이다.

이런 사람들은 강요받는 것을 싫어하기 때문에 상대방이 먼저 제안을 하면 심리적으로 마음속의 용수철이 작동하여 자신도 모르게 반발하게 된다. 따라서 그에게 선택권을 주는, 다시 말해서 주도권을 넘기는 대화 방식을 취하면 좋다.

예를 들어 "당신은 A안과 B안 중에 어느 쪽이 더 좋습니까?"라고 물어보는 것이다. 그러면 자신에게 선택권이 주어지는 것이기에 거부감 없이 의견을 발표한다.

이들은 청개구리 같은 면이 있기는 하지만 결코 어울리기가 어렵지는 않다. 오히려 그들의 패턴만 알면 상대하기가 편하다. 그들은 단순히 하나의 퍼포먼스로써 반발하고 싶어 하는 것일 뿐이니 그 욕구를 만족시켜 주기만 하면 되는 것이다.

청개구리처럼 타인의 제안에 반발하는 버릇이 있는 사람에게는 먼저 제안하도록 배려하면 쉽게 마음을 열게 된다.

Point

만만하게 보이지 않는 첫인상

곤란한 행동을 멈추게 하는
심리 테크닉

~~~~~~~

아무래도 누군가 회사의 비품을 몰래 가져가는 모양이다. 그
것도 외부 사람이 아니라 내부의 누군가가 관련되어 있는
듯하다. 범인이라고 생각되는 인물도 대충 짐작할 수 있다.
그렇다면 이런 경우에 어떻게 하면 그런 절도 행위를 멈추
게 할 수 있을까?

"당신이 회사 비품을 훔치고 있지?"

이렇게 정면으로 직접 추궁하면 그는 절대 진실을 말하지
않을 것이다. 그렇다면 훔치는 현장을 잡지 않으면 안 된다
는 얘기인데, 그것은 현실적으로 힘들다. 왜냐하면 하루 종
일 감시하지 않으면 안 되고, 상대방도 들키지 않기 위해 은
밀하게 행동할 것이기 때문이다.

따라서 이럴 때는 발상을 전환해야 한다. 이때는 그 사람
이 훔치는 행위를 포기하도록 만드는 것이 중요하다. 그렇게
하면 일부러 훔치는 현장을 붙잡지 않아도 문제를 해결할

수 있다. 그에게 이렇게 말해보면 어떨까?

"아, 이거 정말 곤란한데! 아무래도 회사 비품을 마음대로 가져가는 사람이 있는 것 같은데, 그런 짓을 멈추게 하려면 어떻게 하면 좋은지 모르겠어. 좋은 아이디어 없을까?"

만약 상대방이 범인일 경우에 이런 말을 들은 뒤에는 훔치려는 마음이 편치 않을 것이다. 자신이 의심받고 있지는 않더라도 '사건으로 인식되고 있다'든가, '회사에서 어떤 대책을 마련하려고 한다'는 것을 눈치챘기 때문이다.

그러면 상대방은 어쨌든 훔치는 행위를 멈추게 될 것이다. 정보를 흘려서 상대의 행위를 멈추게 하는 테크닉이다.

다시 말하지만 **의심의 대상이 되는 인물을 직접 추궁하는 것은 좋지 않은 방법이다.** 범인이라고 생각한 사람이 범인이 아닐 수도 있고, 범인 취급을 해서 추궁했다가 틀렸을 경우에는 상대와 인간관계 회복은 영영 불가능해진다. 그렇기 때문에 단순히 의심만으로 간단하게 범인 취급을 해서는 안 되는 것이다.

하지만 상대에게 문제가 있음을 슬쩍 흘리는 것만으로 따로 범인 취급을 하지 않아도 되고, 만약 상대가 진범이라면 자신의 행동을 돌아보게 될 것이다. 이렇게 진범을 특정하지 않더라도 행위자에게 부적절한 행동을 멈추게 할 수 있다.

예를 들어 동네 골목 한구석에 쓰레기가 버려져 있다고 하자. 그리고 쓰레기를 함부로 버린 사람이 누구인지도 대충 예측하고 있다. 이런 경우에도 그에게 살짝 다가가 이렇게 말해보자.

"이번에 반상회에서 다룰 회의 주제입니다만, 아무래도 우리 아파트 주민 중에 쓰레기를 불법 투기하는 사람이 있는 모양입니다. 나는 외부인이 버린다고 생각하고 있지만, 그래도 모르니 우리 함께 잘 살펴봅시다."

이렇게 살짝 이야기를 흘리면 그 사람은 쓰레기를 버리지 않게 될 것이다.

문제를 일으킨 사람에게 슬쩍 정보를 흘리는 것만으로 상대의 행위를 멈추게 할 수 있다.

Point

연습량은 배신하지 않는다

다른 사람의 마음을 쉽게 읽고 싶다면, 당연한 말로 들리겠지만 적극적으로 사람들과 어울려야 한다. "물에 들어가는 것은 싫지만 수영을 배우고 싶어"라고 말하는 사람이 있는데, 그렇다면 책으로 수영을 배우고 싶다는 얘기이니 절대 불가능한 일이다.

마찬가지로 사람들과 어울리는 것은 싫은데 자신은 첫인상이 좋은 사람이 되고 싶다고 원하는 것 역시 불가능하다. 사람들과 어깨를 부딪치지 않고서는 타인의 마음을 알 수 없고, 다른 사람들에게 나의 참모습을 보일 수도 없기 때문이다.

물속에서 놀다 보면 언젠가는 수영을 잘하게 되는 것과 마찬가지로, 사람들과 어울리다 보면 자연스럽게 인간관계의 달인이 될 수 있다.

세상에는 심리학 관련 자기계발 서적을 한 번도 읽은 적이 없음에도 타인의 마음을 잘 읽어내는 사람들이 있는데, 그들은 틀림없이 사람들을 좋아해서 부지런히 어울렸기 때문일 것이다.

미국 노스이스턴대학 심리학 연구팀은 102명의 대학생을 대상으로 12분간 영상을 보여주고는 등장인물의 성격을 읽어내는 실험을 했다. 연구팀은 이 실험을 하기 전에 학생들이 얼마나 사람들과 어울리는 것을 좋아하는지도 미리 조사해두었는데, 사교성이 높은 사람일수록 화면에 등장하는 인물들의 성격을 정확하게 읽어낼 수 있었다고 한다.

왜 그럴까? 이는 당연한 일로, 그동안 많은 사람을 접해본 결과 머릿속에 나름의 통계가 쌓여 있다는 얘기다.

나는 심리학자라는 직업과는 별개로 다른 사람들과 어울리는 것을 좋아한다. 내가 심리학자이기 때문에 다른 사람들의 마음을 잘 읽을 수 있게 되었는지, 아니면 태생적으로 사람들과 어울리는 것을 좋아하기 때문에 타인의 마음을 잘 읽을 수 있게 되었는지는 잘 모르겠다.

하지만 나는 심리학의 지식보다는 인간관계의 폭을 넓혀서 적극적으로 사람들을 만나는 것이 타인의 마음을 알아내는 지름길이라고 생각한다. 이렇게 되니, 나는 처음 만나는 사람들에게 '만만하게 보이지 않는 첫인상'을 갖게 되었다. 처음 만나는 사람의 성격이나 태도에 맞춰서 행동하는 것이 습관화되었기 때문이다.

"나는 여자들의 마음을 잘 모르겠어."

이렇게 말하는 남자는 여성들과 접하는 기회가 적을 것이다.

"나는 아이들의 마음을 잘 모르겠어."

이렇게 말하는 사람은 아이들과 접할 기회가 적었기 때문이다. 따라서 이렇게 말할 수 있다. 지금 당신이 다른 사람들의 마음을 읽을 수 없는 것은 단지 연습 부족일 뿐, 다른 사람들의 마음을 읽어내는 능력이 없기 때문이 아니다.

연습을 하지 않았기 때문에 할 수 없는 것일 뿐이니 부지런히 연습을 하면 누구라도 만만하게 보이지 않는 첫인상의 소유자가 될 수 있다.

지금까지 우리의 크고 작은 동작이나 버릇, 표정으로부터 사람의 마음을 읽는 방법에 대해 이야기했습니다. 사실 사람들의 마음을 읽는 것은 그렇게 어려운 일이 아닙니다. 어느 정도 인간관계에 익숙한 사람이라면 상대방이 생각하고 있는 것 정도는 비교적 쉽게 알 수 있기 때문입니다.

예를 들어 대화를 나누는 도중에 화제를 바꿨을 때 상대방의 표정이 미세하게 변한다면, 정말 둔한 사람이 아닌 이상 그가 새로운 화제를 싫어한다는 걸 느끼게 됩니다.

마음에 드는 여성과 나란히 걷고 있을 때 손을 잡으려고 했는데, 뿌리치려고 합니다. 이때 둔감한 남성이 아니라면

'나를 그다지 좋아하지 않는구나' 하는 정도는 생각할 수 있을 것입니다. 이와 같이 상대방의 감정이나 속내를 읽어내는 것은 생각만큼 어렵지 않습니다.

오히려 중요한 것은 상대의 마음을 읽은 다음의 대응이라고 생각합니다. 내가 어떤 이야기를 하고 있는데 상대방이 심각한 표정을 짓는다면 가볍게 다른 화제로 바꿔본다든지, 여성의 손을 잡으려고 했는데 싫은 기색을 한다면 무례한 짓을 해서 미안하다고 사과한다든지, 이런 대응 전략이 중요하다는 얘기입니다.

그러니 독자 여러분도 반드시 다른 사람들의 마음을 읽는 것만을 목적으로 할 게 아니라 읽은 다음에 상대방과의 관계를 보다 좋게 만드는 방법에 대해 생각하기 바랍니다. 그렇게 하면 여러분은 멋진 첫인상의 주인공이 될 수 있을 것입니다.

독자 여러분에게 감사의 인사를 올리고 싶습니다. 이 책이 여러분의 인간관계 구축에 일조할 수 있게 된다면 작가로서 정말 보람 있는 일이 될 것입니다. 성원해주셔서 감사합니다.

Schwartz, B., Tesser, A., & Powell, E. 1982 *Dominance cues in nonverbal behavior.* Social Psychology Quarterly, 45, 114-120.

Smith-Hanen, S. S. 1977 *Effects of nonverbal behaviors on judged levels of counselor warmth and empathy.* Journal of Counseling Psychology, 24, 87-91.

Stepper, S., & Strack, F. 1993 *Proprioceptive determinants of emotional and nonemotional feelings.* Journal of Personality and Social Psychology, 64, 211-220.

Strong, S. R., Taylor, R. G., Bratton, J. C., & Loper, R. G. 1971 *Nonverbal behavior and perceived counselor characteristics.* Journal of Counseling Psychology, 18, 554-561.

Vastfjall, D. 2002 *Influence of current mood and noise sensitivity on judgments of noise annoyance.* Journal of Psychology, 136, 357-370.

Vogt, D. S., & Colvin, R. 2003 *Interpersonal orientation and the accuracy of personality judgments.* Journal of Personality, 71, 267-295.

Wallbott, H. G. 1992 *Effects of distortion of spatial and temporal resolution of video stimuli on emotion attributions.* Journal of Nonverbal Behavior, 16, 5-20.

Watts, B. L., 1982 *Individual differences in circadian activity rhythms and their effects on roommate relationships.* Journal of Personality, 50, 374-384.

Waxer, P. H. 1977 *Nonverbal cues for anxiety: An examination of emotional leakage.* Journal of Abnormal Psychology, 86, 306-314.

Winkelman, P., Berridge, K. C., & Wilbarger, J. L. 2005 *Unconscious affective reactions to masked happy versus angry faces influence consumption behavior and judgments of value.* Personality and Social Psychology Bulletin, 31, 121-135.

ゼブロウィッツ, L.A.(羽田節子・中尾ゆかり訳) 1999 顔を読む　大修館書店

Lockhard, J. S., Allen, D. J., Schiele, B. J., & Wiener, M. J. 1978 *Human postural signals: Stance, weight shifts and social distance as intention movements to depart.* Animal Behavior, 26, 219-224.

MacDonald, G., Zanna, M. P., & Holmes, J. G. 2000 *An experimental test of the role of alcohol in relationship conflict.* Journal of Experimental Social Psychology, 36, 182-193.

Mahoney, J. L., Cairns, B. D., & Farmer, T. W. 2003 *Promoting interpersonal competence and educational success through extracurricular activity participation.* Journal of Educational Psychology, 95, 409-418.

Martin, J. J., Pamela, A. K., Kulinna, H., & Fahlman, M. 2006 *Social physique anxiety and muscularity and appearance cognitions in college men.* Sex Roles, 55, 151-158.

Mehrabian, A. 1968 *Relationship of attitude to seated posture orientation, and distance.* Journal of Personality and Social Psychology, 10, 26-30.

Meier, B. P., Moeller, S. K., Riemer-Peltz, M., & Robinson, M. D. 2012 *Sweet taste preferences and experiences predict prosocial inferences, personalities, and behaviors.* Journal of Personality and Social Psychology, 102, 163-174.

Meindel, J. R., Ehrlich, S. B., & Dukerich, J. M. 1985 *The romance of leadership.* Administrative Science Quarterly, 30, 78-102.

Meleshko, K. G. M., & Alden, L. E. 1993 *Anxiety and self-disclosure: Toward a motivational model.* Journal of Personality and Social Psychology, 64, 1000-1009.

Montepare, J. M., & Zebrowitz-McArthur, L. 1988 *Impressions of people created by age-related qualities of their gaits.* Journal of Personality and Social Psychology, 55, 547-556.

Naquin, C. E., Kurtzberg, T. R., & Belkin, L. Y. 2010 *The finer points of lying online: E-mail versus pen and paper.* Journal of Applied Psychology, 95, 387-394.

ネルソン, A.,& ゴラント, S.K. (栗原百代訳) 2005 しぐさでバレる男のホンネ, 女の本心 草思社

Pena, J., Hancock, J. T., & Merola, N. A. 2009 *The priming effects of avators in virtual settings.* Communication Research, 36, 838-856.

Rafaeli, A., & Pratt, M. G. 1993 *Tailored meanings: On the meaning and impact of organizational dress.* Academy of Management Review, 18, 32-55.

Riggio, H. R., & Riggio, R. E. 2002 *Emotional expressiveness, extraversion, and nerroticism: A meta-analysis.* Journal of Nonverbal Behavior, 26, 195-218.

Scherer, K. R., London, H., & Wolf, J. J. 1973 *The voice of confidence: Paralinguistic cues and audience evaluation.* Journal of Research in Personality, 7, 31-44.

Dimaggio, C., Nicolo, G., Popolo, R., Semerari, A., & Carcione, A. 2006 *Self-regulatory dysfunctions in personality disorders: The role of poor self-monitoring and mindreading.* Applied Psychology : An international review, 55, 397-407.

Ekman, P., Friesen, W. V., & Ancoli, S. 1980 Facial signs of emotional experience. Journal of Personality and Social Psychology, 39, 1125-1134.

Feeley, T. H., & deTurck, M. A. 1998 *The behavioral correlates of sanctioned and unsanctioned deceptive communication.* Journal of Nonverbal Behavior, 22, 189-204.

Fink, B., Neave, N., Manning, J. J., & Grammer, K. 2005 *Facial symmetry and the "big-five" personality factors.* Personality and Individual Differences, 39, 523-529.

Guadagno, R. E., & Cialdini, R. B. 2007 *Gender differences in impression management in organizations: A qualitative review.* Sex Roles, 56, 483-494.

Gur, R. E., & Gur, R. C. 1975 *Defense mechanisms, psychosomatics symptomatology, and conjugate lateral eye movements.* Journal of Consulting and Clinical Psychology, 43, 416-420.

Heinonen, K., Raikkonen, K., & Keltikangos-Jarvinen, L. 2005 *Self-esteem in early and late adolescence predicts dispositional optimism-pessimism in adulthood: A 21-year longitudinal study.* Personality and Individual Differences, 39, 511-521.

Jarvenpaa, S. L., & Leidner, D. E. 1999 *Communication and trust in global virtual teams.* Organization Science, 10, 791-815.

Joubert, C. E. 1995 *Associations of social personality factors with personal habits.* Psychological Reports, 76, 1315-1321.

Kenny, D. A., & Malloy, T. E. 1988 *Partner effects in social interaction.* Journal of Nonverbal Behavior, 12, 34-57.

Kliewer, W., Lepore, S. J., & Evans, G. W. 1990 *The cost of type B behavior: Females at risk in achievement situations.* Journal of Applied Social Psychology, 20, 1369-1382.

Kline, P., & Storey, R. 1980 *The etiology of the oral character.* Journal of Genetic Psychology, 136, 85-94.

Krumm-Merabet, C., & Meyer, T. D. 2005 *Leisure activities, alcohol, and nicotine consumption in people with a hypomanic/hyperthymic temperament.* Personality and Individual Differences, 38, 701-712.

リーバーマン, D.J. (山田仁子訳) 2010 相手の隠しごとを丸ハダカにする方法　ダイヤモンド社

Astrom, J. 1994 *Introductory greeting behavior: A laboratory investigation of approaching and closing salutation phases.* Perceptual and Motor Skills, 79, 863-897.

Back, M. D., Schmukle, S. C., & Egloff, B. 2010 *Why are narcissists so charming at first sight? Decoding the narcissism-popularity link at zero acquaintance.* Journal of Personality and Social Psychology, 98, 132-145.

Baesler, E. J., & Burgoon, J. K. 1994 *The temporal effects of story and statistical evidence on belief change.* Communication Research, 21, 582-602.

Bluedorn, A. C., Turban, D. B., & Love, M. S. 1999 *The effect of stand-up and sit-down meeting formats on meeting outcomes.* Journal of Applied Psychology, 84, 277-285.

Bouchard, G., Lussier, Y., & Sabourin, S. 1999 *Personality and marital adjustment: Utility of the five-factor model of personality* Journal of Marriage and the Family, 61, 651-660.

Campbell, J. D. 1990 *Self-esteem and clarity of the self-concept.* Journal of Personality and Social Psychology, 59, 538-549.

Cash, T. F. 1990 *Losing hair, losing points?: The effects of male pattern baldness on social impression formation.* Journal of Applied Social Psychology, 20, 154-167.

Cashdan, E. 1998 *Smiles, speech, and body posture: How women and men display sociometric status and power.* Journal of Nonverbal Behavior, 22, 209-228.

Cellar, D. F., Nelson, Z. C., & Yorke, C. M. 2000 *The fine-factor model and driving behavior: Personality and involvement in vehicular accidents.* Psychological Reports, 86, 454-456.

Conway, L. G. III 2004 *Social contagion of time perception.* Journal of Experimental Social Psychology, 40, 113-120.

Coulson, M. 2004 *Attributing emotion to static body postures: Recognition accuracy, confusions, and viewpoint dependence.* Journal of Nonverbal Behavior, 28, 117-139.

Costa, M., Dinsbach, W., Manstead, A. S. R., & Bitti, P. E. R. 2001 *Social presence, embarrassment, and nonverbal behavior.* Journal of Nonverbal Behavior, 25, 225-240.

Crandall, C., & Biernat, M. 1990 *The ideology of anti-fat attitudes.* Journal of Applies Social Psychology, 20, 227-243.

Darby, B. W., & Schlenker, B. R. 1989 *Children's reactions to transgressions: Effects of the actor's apology, reputation and remorse.* British Journal of Social Psychology, 28,

옮긴이 이정은

고려대학교를 졸업하고 일본 히토쓰바시대학(一橋大學) 대학원에서 석
사학위와 '한일 근대의 인쇄 매체를 통해 나타난 근대여성 연구'라는
주제로 박사학위를 받았다. 현재 일본에서 대학강사로 활동하고 있다.
번역서로《도망치고 싶을 때 읽는 책》,《곁에 두고 읽는 니체》,《라이프
Life》등이 있다.

만만하게
보이지 않는 첫인상

초판 1쇄 인쇄일 2019년 10월 10일
초판 1쇄 발행일 2019년 10월 17일

지은이 나이토 요시히토
옮긴이 이정은

발행인 이승용
주간 이미숙
편집기획부 박지영 황세음   **디자인팀** 황아영 한혜주
마케팅부 송영우 김태운   **홍보전략팀** 김예진 전강산
경영지원팀 이루다 이소윤

발행처 |주|홍익출판사
출판등록번호 제1-568호
출판등록 1987년 12월 1일
주소 [04043]서울 마포구 양화로 78-20(서교동 395-163)
대표전화 02-323-0421   **팩스** 02-337-0569
메일 editor@hongikbooks.com
홈페이지 www.hongikbooks.com

제작처 갑우문화사

ISBN 978-89-7065-735-6 (03190)

이 도서의 국립중앙도서관 출판예정도서목록(CIP)은
서지정보유통지원시스템 홈페이지(http://seoji.nl.go.kr)와
국가자료공동목록시스템(http://www.nl.go.kr/kolisnet)에서 이용하실 수 있습니다.
(CIP제어번호: CIP2019039237)